我
们
一
起
解
决
问
题

生产管理实操从入门到精通

滕宝红◎主编

人民邮电出版社

北 京

图书在版编目（CIP）数据

生产管理实操从入门到精通 / 滕宝红主编. -- 北京：
人民邮电出版社，2019.12
ISBN 978-7-115-52676-2

Ⅰ. ①生… Ⅱ. ①滕… Ⅲ. ①生产管理 Ⅳ.
①F273

中国版本图书馆CIP数据核字(2019)第262360号

内 容 提 要

生产管理人员是生产管理工作的主要负责人，提高生产管理人员的工作能力是提升生产管理水平的重要手段之一。

本书全方位细化了生产部各岗位的职责，从生产管理人员的视角详细介绍了生产管理工作涉及的管理技能以及生产计划管理、生产作业管理、生产现场管理、生产设备管理、生产物料管理、生产质量管理、生产人员管理、安全生产管理、生产效率提升等多个方面的专业技能。书中内容可以有效地帮助生产管理人员提高管理效率和工作业绩，增强团队的凝聚力。

本书不仅可以作为生产管理人员自我充电、自我提升的学习手册和日常管理工作的"小百科"，还可以作为相关培训机构开展岗位培训、团队学习的参考资料。

◆ 主　编　滕宝红
　　责任编辑　程珍珍
　　责任印制　彭志环
◆ 人民邮电出版社出版发行　　北京市丰台区成寿寺路11号
　　邮编　100164　电子邮件　315@ptpress.com.cn
　　网址　http://www.ptpress.com.cn
　　北京七彩京通数码快印有限公司印刷
◆ 开本：800×1000　1/16
　　印张：18.5　　　　2019年12月第1版
　　字数：350千字　　2025年3月北京第28次印刷
　　　　　　　　定　价：69.80元

读者服务热线：(010) 81055656　印装质量热线：(010) 81055316
反盗版热线：(010) 81055315

前　言

　　生产管理在企业管理体系中的地位非常重要，因为它涉及企业内部各项具体而烦琐的生产事务。生产管理人员只有充分掌握生产管理的各项技能，才能带领本部门人员做好生产管理工作。

　　本书分为三个部分。

　　第一部分为"岗位职责"，主要介绍了生产管理人员的岗位职责，具体包括生产部的职责权限以及生产管理人员的职责要求和日常工作内容。

　　第二部分为"管理技能"，主要介绍了生产管理人员需要掌握的各项管理技能，如制订工作计划、汇报工作与下达指示、进行有效授权等。这一部分特别提到了生产管理人员应积极进行个人形象自检，确保自己拥有良好的个人形象。

　　第三部分为"专业技能"，主要介绍了生产管理人员在日常工作中需要掌握的各项实操技能。这部分内容是本书的重点，涵盖了智能制造专业知识、生产计划管理、生产作业管理、生产现场管理、生产设备管理、生产物料管理、生产质量管理、生产人员管理、安全生产管理和生产效率提升等。

　　通过对本书的认真学习，生产管理人员可以全面掌握生产管理工作涉及的各项技能，更好地开展工作。

　　本书具有以下五个特点。

　　（1）模块清晰。全书分为三个部分，即岗位职责、管理技能和专业技能。通过学习岗位职责部分，生产管理人员可以了解本部门的职责权限和工作内容；通过学习管理技能部分，生产管理人员可以掌握工作中需要用到的各项管理技能；通过学习专业技能部分，生产管理人员可以学到本岗位的各项专业技能。

　　（2）内容全面。本书的最大亮点是把生产管理人员需要掌握的知识和技能分解成365个知识点。一年365天，生产管理人员可以每天学习一个知识点，并将其应用到实际工作中。

（3）版式新颖。本书每一章的前面都设计了一段 A 经理与 Q 先生／女士的对话，这些生动的对话简要地归纳了每一章的知识点，不仅能提升读者的阅读兴趣，也便于读者记忆。

（4）拓展知识丰富。本书提供了大量的图表，以直观的形式展示相关知识点，便于读者阅读和学习。此外，书中还设置了"经典范本""实用案例"等栏目，对相关知识点进行了丰富和拓展，为读者提供了有价值的信息。

（5）实操性强。现在的人们工作节奏快、学习时间有限，本书尽量做到去理论化、注重实操性，以精确、简洁的方式描述所有知识点，最大程度地满足读者希望快速掌握生产管理技能的需求。

本书由浙江智盛文化传媒有限公司、深圳市中经智库文化传播有限公司策划，由知名管理实战专家滕宝红主持编写。

由于编者水平有限，书中难免出现疏漏之处，敬请读者批评指正。

目 录

第一部分 岗位职责

第一章 生产部的职责 2

生产经理只有了解生产部在企业中所处的位置、职责权限以及日常工作流程，才能顺利地开展工作。另外，生产经理还要明确生产部一年的工作安排。

第一节 生产部的职责权限 3
001 生产部所处的位置 3
002 生产部的职能、职责与权限 .. 4
003 生产部的工作流程 5
第二节 365天工作安排 6
004 国家法定节假日 6
005 计算常规工作时间 6
006 采用阶段工作法 7

第二章 生产经理岗位须知 9

生产经理岗位须知主要包含两个方面的内容，即岗位要求和工作内容。岗位要求对生产经理的任职提出各种条件，只有达到这些条件，生产经理才能胜任工作。工作内容则是生产经理的工作事项。

第一节 生产经理的岗位要求 10
007 个人形象要求 10
008 心理素质要求 10
009 专业知识要求 11
010 个人能力要求 11
011 职业道德要求 11
第二节 生产经理的工作内容 12
012 日常管理的工作内容 12
013 专业管理的工作内容 13

第二部分 管理技能

第三章 基本管理技能 16

生产经理在日常管理工作中需要用到一系列基本管理技能，如制订工作计划、进行有效授权、日常沟通管理等。生产经理只有掌握了这些基本管理技能，才能高效地开展工作。

第一节 制订工作计划 17
014 工作计划的格式 17
015 工作计划的内容 17
016 工作计划的制订步骤 18
第二节 汇报工作与下达指示 19
017 向上级汇报工作 19
018 听取下级汇报工作 19

019 向下级下达指示 20

第三节 进行有效授权 20

020 明确授权要素 20

021 避免踏入授权误区 21

022 掌握授权方法 22

第四节 会议管理技能 23

023 生产协调会的内容 23

024 生产协调会的议程 23

025 车间对单会 25

026 车间对单会的议程 25

027 开晨会的意义 27

028 开好晨会的要点 27

029 有效晨会的模式 28

第五节 日常沟通管理 29

030 了解常见的沟通方式 29

031 了解常见的沟通障碍 30

032 明确沟通方法 30

033 向上沟通的注意事项 31

034 平级沟通的注意事项 31

035 向下沟通的注意事项 31

036 需要立即沟通的情况 32

037 掌握倾听的方法 33

第四章 自我管理技能 35

生产经理不仅要掌握基本管理技能，还要做好自我管理工作。自我管理包括个人形象自检和自我反思。通过形象自检，生产经理能更好地展现个人形象；通过自我反思，生产经理可以获知个人失误，及早做出改进，取得更大进步。

第一节 个人形象自检 36

038 男士形象自检内容 36

039 女士形象自检内容 37

第二节 自我反思 38

040 了解自我反思的内容 38

041 做好自我反思记录 39

042 自我反思推广运用 39

第三部分 专业技能

**第五章 生产经理必知的智能制造专
业知识** 42

智能制造是一种由智能机器和人类专家共同组成的人机一体化智能系统，它把制造自动化的概念更新，扩展到柔性化、智能化和高度集成化。因此，生产经理要紧跟时代发展趋势，不断提高自己的职业素养。

第一节 智能制造概述 43

043 什么是智能制造 43

044 智能制造的作用 43

045 智能制造的主要内容 43

046 如何实现制造环节智能化....44

047 智能工厂的主要特征 45

048 智能工厂——先数字化再智
能化 45

049 智能工厂的架构 46

050 智能工厂的流程 47

051 智能工厂的布局 47

052 智能工厂的生产线 48

第二节 智能制造MES 48

053 什么是智能制造系统.............48

054 什么是MES.....................48

055 MES功能——计划管理........49

056 MES功能——工艺管理........49

057 MES功能——设备管理........50

058 MES功能——生产报工........50

059 MES功能——异常管理........50

060 MES功能——质量管理........51

061 MES功能——看板管理........52

062 MES功能——统计报表........52

063 MES功能——系统安全
管理.................................52

064 MES功能——系统接口......53

065 MES的发展趋势..............53

066 MES通用功能模块清单......54

067 MES总体架构..................55

068 MES技术架构..................55

069 MES集成架构..................56

070 MES选型注意事项............57

071 MES实施时应注意的问题....58

072 MES实施需求分析............59

073 MES实施阶段划分............59

074 MES实施关键环节............60

075 MES选型要点..................61

076 MES选型方法..................63

第六章 生产计划管理.................65

生产计划是生产活动开展的基础，若生产计划管理得不合理，生产工作就很难开展。因此，为了顺利开展生产工作，生产经理应充分掌握生产计划管理的步骤和方法。

第一节 生产订单的审核.............66

077 划分订单审核职责.............66

078 生产部审核职责划分.........66

079 了解企业外单..................67

080 了解企业内单..................67

081 生产部订单审核流程.........68

082 生产订单取消处理............70

083 开展订单统计工作............70

第二节 生产计划的制订.............71

084 生产计划的类别..............71

085 生产计划的制订依据.........72

086 制订计划生产型计划.........73

087 确定计划生产量..............73

088 分析生产能力..................74

089 分析生产技术能力............74

090 分析生产人员负荷............75

091 分析生产设备负荷............77

092 制订库存补充方式生产
计划.................................77

093 了解订单型生产的特点......78

094 制订订单型生产计划.........78

第三节 生产计划的安排与协调...81

095 订单生产型企业日程安排....81

096 计划生产型企业日程安排....81

097 协调月出货计划与月生产
计划.................................81

098 协调周出货计划与周生产
计划.................................82

第四节 生产计划的变更.............82

099 生产计划的变更时机.........82

100 生产计划的变更步骤.........83

101 生产计划的变更注意事项....83
102 订单频繁变更的处理........84
103 处理插单与急单............85
104 突发情况应急处理..........85

第七章 生产作业管理.............87

企业都希望各车间、各班组可以按计划完成所有工作内容，但在实际的生产活动中却经常出现生产延误、到期无法交货或生产脱节的情况。因此，生产经理应进行生产作业管理，并实施生产作业进度控制，使生产活动顺利进行。

第一节 生产派工................88
105 了解常用的生产派工方法....88
106 使用生产派工单............88
107 使用生产指令单............89
108 使用加工路线单............90
109 使用单工序工票............91
110 使用传票卡................91

第二节 处理生产异常.............92
111 生产异常情况..............92
112 生产异常情况处理..........92
113 出具生产异常情况报告......94
114 使用异常报告表............95
115 核算生产异常工时..........95
116 判定生产异常责任..........95
117 应对生产现场停工..........97
118 应对生产现场抢工..........98
119 了解生产现场返工原因......99
120 应对生产现场返工.........100

第三节 消除生产瓶颈............101
121 分析生产瓶颈产生的原因...101

122 查找瓶颈位置.............101
123 解决生产瓶颈.............102

第四节 控制过多、过早生产....103
124 过多生产的原因...........103
125 过早生产的原因...........103
126 控制生产进度.............103
127 控制投入进度.............104
128 控制出产进度.............104
129 控制工序进度.............105

第八章 生产现场管理..............106

现场管理是生产第一线的综合管理，是生产管理的重要内容，也是生产系统合理布置的补充和深入。现场管理是生产经理工作的重中之重。

第一节 生产现场定置管理.......107
130 定置管理的类别...........107
131 工厂区域定置管理的内容...107
132 生产现场定置管理的内容...108
133 办公室定置管理的内容.....109
134 定置管理之方法研究.......110
135 定置管理之分析人、物结合状态...........................110
136 定置管理之分析物流、信息流.............................110
137 定置管理之设计定置图.....111
138 定置管理之信息媒介物设计.............................112
139 定置实施.................113

第二节 生产现场看板管理.......113
140 实施看板管理的条件.......113

141 管理类看板..............114

142 信息类看板..............115

143 制度类看板..............115

144 标志类看板..............116

145 事务类看板..............116

146 电子类看板..............116

147 综合类看板..............116

148 宣传画..................117

149 实物看板................117

150 看板的设计要求..........117

151 使用看板的注意事项......117

152 看板的整理整顿..........118

第三节 生产现场5S管理..........119

153 实施现场5S管理..........119

154 开展现场整理工作........119

155 开展现场整顿工作........120

156 开展现场清扫工作........120

157 开展现场清洁工作........121

158 开展现场素养活动........122

159 开展现场5S检查工作......123

160 开展5S评比考核..........124

第九章 生产设备管理..............126

生产设备是现代工业生产活动中不可或缺的器具。这里所说的设备是指企业在生产过程中使用的机器、工具等。生产经理应带领部门人员做好生产设备的各项管理工作，确保设备完好。

第一节 生产设备日常管理.......127

161 为生产设备编号..........127

162 建立生产设备台账........127

163 实施设备"三定户口化"...128

164 明确设备操作程序........129

165 设备操作人员的"三好"
     要求....................129

166 设备操作人员基本功的
     "四会"要求.............130

167 设备操作人员的"五项纪律"
     要求....................130

168 进行使用设备登记........130

169 进行生产设备巡检........131

170 制定巡检标准书和巡检卡...132

171 处理巡检结果............133

172 设备交接手续办理........133

第二节 生产设备维护保养.......134

173 生产设备日常保养........134

174 生产设备一级保养........137

175 生产设备二级保养........138

176 生产设备磨损的对策......139

177 对生产设备进行润滑......140

178 对设备运行进行动态监督...140

179 分析设备故障产生的原因...141

180 预防设备故障............142

181 管理设备故障............143

182 修理故障设备............143

183 禁止设备异常操作........144

184 出具生产设备事故报告....144

185 处理设备管理的薄弱环节...145

186 推行全面生产维护........146

187 全面生产维护的内容..........146

第十章　生产物料管理.............148

企业生产离不开各类物料，而生产部又是物料的主要消耗部门。因此，生产经理要从物料的领取、使用以及盘点各个方面管理好物料。

第一节　物料领取控制.............149
188　确定物料领用手续.............149
189　有效控制退料补货.............150
190　控制物料超领.................151

第二节　物料使用管理.............152
191　清楚物料去向.................152
192　应对物料分流.................152
193　处置现场不良物料.............154
194　应对物料不用的情况...........155
195　控制部件先行.................156
196　处置产品扫尾时物料...........157
197　了解常见剩余物料产生的
　　　原因.......................158
198　处理常见剩余物料.............158
199　处理生产中的剩余物料.........158
200　了解特采物料的不同情形.......159
201　处理特采质量问题.............159
202　生产辅料安排专人负责
　　　保管.......................160
203　定期统计辅料台账.............161
204　简化辅料领取手续.............161
205　辅料以旧换新.................162
206　完善辅料报废手续.............163

第三节　物料使用状况分析.......164
207　了解物料使用统计内容......164

208　订单核算法统计物料使用
　　　情况.......................164
209　部门综合法统计物料使用
　　　情况.......................165
210　台账法统计物料使用情况...166
211　对比法分析物料使用情况...166
212　进行超计划用料报告与
　　　分析.......................167
213　物料异常分析工作.............167
214　分析物料消耗定额执行
　　　情况.......................168
215　分析物料利用率.............169

第四节　生产物料盘点管理.......169
216　物料盘点方式.................169
217　物料盘点的执行步骤.........170
218　盘点差异原因追查...........172
219　盘点差异处理.................172

第十一章　生产质量管理..........173

没有生产质量的保障，生产活动只会造成浪费，且不会给企业带来效益。因此，生产经理可以从日常生产质量控制和控制不良品产出两个方面来严格控制生产质量。

第一节　日常生产质量控制.......174
220　提高全员质量意识.............174
221　加强质量意识宣传.............174
222　开展质量管理培训.............175
223　了解"三不原则"的内容...175
224　实施"三不原则".............176
225　将质量与绩效挂钩.............177
226　管理好生产样品.............177

227 积极推行现场自检..............178
228 鼓励作业人员互检..............178
229 安排专业人员专检..............178
230 了解作业标准文件种类..............178
231 使用作业标准文件..............179
232 把后道工序当客户..............180
233 避免产品外观出现瑕疵..............180
234 制定质量奖惩方案..............181

第二节 严格控制不良品产出....183
235 分析不良品产生的原因..............183
236 部门内部原因分析..............184
237 加强现场首件检验..............185
238 加强作业人员控制..............186
239 加强生产设备控制..............186
240 加强测量事务控制..............186
241 加强关键工序质量控制......187
242 加强特殊工序质量控制......188
243 加强末件检验工作..............188
244 加强产品包装质量控制......188
245 加强包装的品质检验..............189

第十二章 生产人员管理 190

要使生产部的工作顺利进行，生产经理首先必须做好人员配置工作。在现代化大生产尤其是流水线生产方式下，某一岗位人员的缺岗会直接影响整个生产线的工作进度以及订单产品的质量和交货期。

第一节 生产人员配备工作.......191
246 生产人员配备基本要点.....191
247 生产人员配备考虑因素.....191
248 生产人员现场编制..............192

249 生产人员定岗管理..............192
250 生产人员的招聘方式.........193
251 生产人员的招聘流程.........194
252 生产现场人员后备管理.....194
253 补员管理..............195
254 生产员工轮岗..............195

第二节 员工培训与考核...........196
255 新员工培训内容..............196
256 新员工转正考核..............197
257 在职员工培训要点..............198
258 在职员工个别辅导..............198
259 多能工培训..............199
260 师带徒制度..............200
261 生产人员绩效考核..............202

第三节 生产人员日常管理.......203
262 加强员工出勤管理.........203
263 夜班工作安排..............204
264 夜班安全管理..............205
265 规范加班工作程序.........206
266 对加班进行检查..............206
267 员工工作纪律管理.........207

第十三章 安全生产管理 208

要想进行高效的生产活动，生产经理必须做好安全生产管理工作，具体可以从安全教育与检查、目视化安全管理、生产事故预防与处理、制订安全应急方案，以及职业病预防与管理等方面加以控制。

第一节 安全生产教育.............209
268 新员工三级安全教育.........209

269 特种作业人员安全教育......210
270 "四新"和变换工种教育...211
271 复工教育......212
272 复训教育......212
273 全员安全教育......212
274 企业日常安全教育......213
275 其他情况的安全教育......213
276 安全生产教育要有计划......213
277 加大宣传力度,营造安全
教育氛围......214
278 要灵活运用各种方式来开
展教育......214
279 安全生产教育要有记录......216

第二节 安全生产检查 216
280 安全生产检查的内容......216
281 作业岗位日常检查......217
282 安全人员日常巡查......217
283 定期综合性安全检查......218
284 专业安全检查......218
285 季节性安全检查......219
286 要明确安全检查职责......219
287 检查要有计划......219
288 安全检查表的种类......221
289 编制安全检查表的注意
事项......222
290 安全检查表的应用......223
291 编制安全隐患排查报告......223
292 要做好整改和分析总结
工作......224
293 不可忽视复查......225
294 整改安全隐患......225
295 跟进安全隐患整改情况......226

第三节 现场目视安全管理 226
296 设置现场安全色......226
297 设置现场对比色......227
298 设置现场安全标志......228
299 设置安全标志牌......229
300 使用安全标志牌的要求......230
301 检查和维修安全标志牌......230
302 设置职业病危害标志......230
303 张贴现场安全标语......231

第四节 生产事故预防与处理....231
304 分析生产事故发生的原因...231
305 实行作业科学化管理......232
306 制定安全操作规范......233
307 做好个体防护管理......234
308 推行安全生产责任制......235
309 加强作业环境安全管理......235
310 实行安全工作确认制......236
311 沟通事故危险信息......237
312 编制岗位安全应急卡......237
313 开展危险预知活动......238
314 工前五分钟活动......239
315 操作者人为失误原因......240
316 操作者人为失误预防措施...240
317 习惯性违章的表现形式......241
318 习惯性违章的特点......241
319 支配习惯性违章的思想
因素......242
320 常见违章行为的表现......242
321 拒绝违章行为的措施......244
322 做好违章处罚与安全奖励
记录......244

323 做好现场安全管理记录......245

324 做好现场安全活动记录......246

325 事故的认定......246

326 工伤事故的处理程序......247

327 工伤事故紧急处理措施......248

328 事故的调查......249

329 分析生产事故......250

第五节 生产事故应急方案......252

330 了解事故应急方案......252

331 应急方案的制定依据......253

332 应急方案的评估与修订......253

333 制定应急方案的注意事项...254

334 应急方案培训......254

335 应急方案演练......255

336 应急方案实施要点......255

337 提高信息传递效率......255

338 生产现场临时措施......256

第六节 职业病预防与管理......256

339 了解职业病的内容......256

340 职业病的认定......257

341 了解职业性有害因素......257

342 与生产过程有关的职业性
有害因素......258

343 与劳动过程有关的职业性
危害因素......259

344 与工作环境有关的职业性
危害因素......259

345 预防职业性有害因素的
措施......260

346 做好卫生管理工作......261

347 做好工作环境管理......261

第十四章 生产效率提升 263

对企业来说，致力于提高生产效率，可以降低成本，经受得住价格竞争的压力，从而获得更多的市场占有率。作为生产经理，必须狠下功夫，通过提高生产效率来达到降低企业生产成本的效果。

第一节 现场诊断与分析......264

348 现场诊断与分析的内容......264

349 现场诊断的重点......264

350 现场分析的重要方法——
"六何法"......265

351 现场分析的四种技巧......266

352 生产过程中的时间分类与
生产管理的基本任务......267

353 人机联合分析......267

354 合理布置工地的基本要求...269

355 车间设备布置原则......271

第二节 作业研究与改善......271

356 向改善工艺流程要效益......271

357 向平面流程要效益......273

358 向移动方式要效益......274

359 向流水线要效益......275

360 向动作分析要效益......276

361 改善搬运的必要性和原则、
方法......277

第三节 实施标准化管理......278

362 明确生产标准化的目标......278

363 明确良好标准的制定要求...279

364 严格执行标准......280

365 做好标准修订工作......281

第一部分

岗位职责

第一章　生产部的职责

导读 >>>

　　生产经理只有了解生产部在企业中所处的位置、职责权限以及日常工作流程，才能顺利地开展工作。另外，生产经理还要明确生产部一年的工作安排。

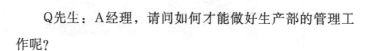

　　　　　　Q先生：A经理，请问如何才能做好生产部的管理工作呢?

　　　　　　A经理：我认为要先了解生产部在整个企业中的位置，以及它的职责权限、日常工作流程、与其他部门的关系。只有这样，你才能顺利地开展生产管理工作。

　　　　　　Q先生：那么，我该如何安排日常工作呢?

　　　　　　A经理：根据我的经验，你可以按日、周、月、季度以及年度对日常工作进行安排，有条不紊、循序渐进地推进工作。

　　说明：A经理是一名具有多年工作经验的生产经理；
　　　　　Q先生是一名刚上任的生产经理。

第一节 生产部的职责权限

001 生产部所处的位置

生产部是企业的主力部门，主要负责制订生产计划、开展现场生产作业、控制生产质量等工作。同时，生产部还要有效地使用生产物料和设备，并为部门员工提供安全的工作环境。

生产部要为企业的高层管理人员（如总经理、副总经理）提供各项生产信息，如每日的生产进度、生产订单执行状况等，使其充分了解企业的生产情况。生产部也要在高层管理人员的领导下开展各项生产工作，保证生产质量，提升生产效率。

生产部要与其他各部门做好沟通协调工作，如与采购部协调物料的采购，与品质部协调产品的品质检验，与仓储部协调物料的领用，与财务部协调生产费用的划拨，与人力资源部协调员工的招聘与培训等。生产部需要与这些部门进行良好合作，以便共同保证生产工作的顺利进行。

由于各类生产型企业的组织架构各不相同，生产部在不同企业中所处的位置也不尽相同。但一般情况下，生产部在企业中的位置如图1-1所示。

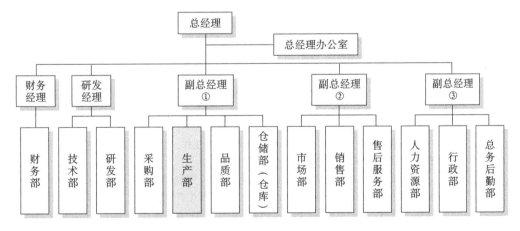

备注："①"为在生产型企业中分管采购部、生产部、品质部和仓储部（仓库）的副总经理。

"②"为在生产型企业中分管市场部、销售部和售后服务部的副总经理。

"③"为在生产型企业中分管人力资源部、行政部和总务后勤部的副总经理。

图1-1 生产型企业组织架构

002　生产部的职能、职责与权限

生产部的职能、职责与权限的具体内容如表1-1所示。

表1-1　生产部的职能、职责与权限

类别	具体内容
职能	（1）参谋职能。由于贴近一线，生产部不仅应在日常事务方面落实安全生产，更应在企业经营理念、管理策略、企业精神、企业文化及用人策略等重大问题上行使本部门的职责与权力，为企业高层决策提供参考 （2）沟通职能。生产部要与其他部门做好沟通协调工作，保证高效完成任务 （3）管理职能。生产部承担着对生产、设备、安全、环保等的管理工作
职责	（1）服从主管领导的指挥，认真执行其工作指令，一切管理行为由主管领导负责 （2）严格执行企业规章制度，认真履行工作职责 （3）负责生产、设备、安全、环保等制度的拟订、检查、执行监督及控制 （4）负责编制年度、季度、月度工作计划及设备维修计划，组织计划的实施、检查、协调及考核 （5）负责制订产品的改造计划，设计企业的产品布局和进行工序间的协调 （6）密切配合销售部门，确保产品合同的履行 （7）配合销售审定技术管理标准，编制生产工艺流程，审核新产品开发方案并组织试生产，以不断提高产品的市场竞争力 （8）负责抓好生产安全教育工作，加强安全生产的实施与控制，严格遵守安全法规，执行生产操作规程，即时监督检查，确保安全生产，以杜绝重大火灾、设备损坏、人员伤亡等事故的发生 （9）负责组织生产现场的管理工作，重视环境保护工作，抓好劳动防护管理，制订好环保计划 （10）负责及时编制年度、季度、月度的生产统计报表。认真做好生产统计核算的基础管理工作，重视原始记录、台账及统计报表的管理工作，确保统计核算规范、统计数据正确 （11）负责做好生产统计分析报告的编制工作。定期组织生产统计分析与经济活动分析报告会，总结经验，找出存在的问题，提出改进工作的意见和建议，为企业领导决策提供专题分析报告或综合分析资料 （12）负责做好生产设备、计量器具的维护与检修工作。结合生产任务，合理安排生产设备、计量器具的使用，确保设备维护、保修所需的时间 （13）负责做好生产调度管理工作。强化调度管理，严肃调度纪律，提高调度人员的生产专业知识水平和业务管理水平；平衡综合生产能力，合理安排生产作业时间；平衡用电，节约能源 （14）负责做好对生产管理者的专业培训工作。负责组织对生产调度员、设备管理员、统计员、计划员及车间管理人员的业务指导和培训工作，并对参加培训人员的业务水平和工作能力进行定期检查、考核和评比 （15）负责拟订本部门的工作目标、工作计划，并组织计划的实施、检查、监督及控制工作 （16）按时完成企业领导交办的其他工作任务

（续表）

类别	具体内容
权限	(1) 根据企业总体战略规划，有对企业经营计划的建议权 (2) 依照制度，有对生产中发现的问题的处理权 (3) 依照制度，并按规定程序，有对其他部门提出处罚的建议权 (4) 依照制度，有对违反生产制度的员工提出处罚的建议权 (5) 依照制度，有对生产资源（生产设备等）的合理调动权 (6) 有对部门内部员工聘任或解聘的建议权

003　生产部的工作流程

生产部的工作流程如图1-2所示。

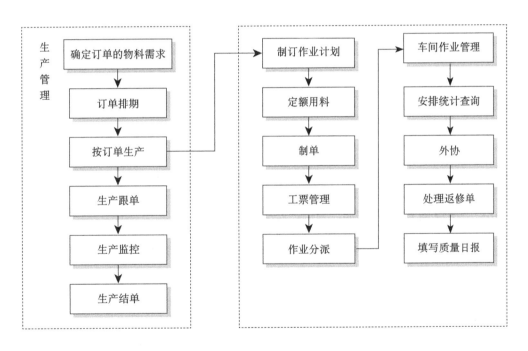

图1-2　生产部的工作流程示例

第二节　365天工作安排

004　国家法定节假日

为了合理分配生产时间，生产经理必须了解国家法定节假日。为此，生产经理可以将国家法定节假日列出来。国家法定节假日如表1-2所示。

表1-2　国家法定节假日

序号	节假日名称	放假天数	日期
1	新年	1天	1月1日
2	春节	3天	农历正月初一、初二、初三
3	清明节	1天	农历清明当日
4	劳动节	1天	5月1日
5	端午节	1天	农历五月初五
6	中秋节	1天	农历八月十五
7	国庆节	3天	10月1日、10月2日、10月3日

005　计算常规工作时间

工作时间又称法定工作时间，是指劳动者根据相关法律规定在用人单位从事工作或者生产的时间。

1．工作时间计算

年工作日：365天－104天（休息日）－11天（法定节假日）＝250（天）。

季工作日：250天÷4季＝62.5（天）。

月工作日：250天÷12月＝20.83（天）。

2．有效工作时间

有效工作时间是员工完成一项工作的必需时间。假设上班时间为8个小时，在通常情况下，扣除等待和处理个人私事的时间，员工的有效工作时间往往达不到8个小时。

006 采用阶段工作法

生产经理可以采用阶段工作法安排一年的工作。这里所说的阶段是指日、周、月、季度以及年度五个不同的时间段。

生产经理应按每日、每周、每月、每季度及每年度做好工作安排，具体如表1-3所示。

表1-3 生产经理的阶段工作安排

序号	阶段	工作事项	备注
1	日	(1) 制订日工作计划 (2) 完成每日形象自检 (3) 参加或主持部门早会 (4) 处理小额请购单 (5) 处理紧急订单 (6) 处理供应商品质抱怨 (7) 跟踪下属工作进度 (8) 整理文件 ……	
2	周	(1) 制订周工作计划 (2) 参加或主持每周例会 (3) 参加生产谈判 (4) 监控生产人员 (5) 协调与其他部门的关系 (6) 监督供应商的交货状况 (7) 处理有重大品质问题的来料 (8) 控制生产进货 (9) 退货与索赔 ……	
3	月	(1) 制订月工作计划 (2) 对请购进行确认 (3) 跟催物料，保证及时到货 (4) 监管生产物料的接收 (5) 签订生产合同 (6) 控制生产价格 (7) 控制生产成本 (8) 对供应商进行质量认证 ……	

（续表）

序号	阶段	工作事项	备注
4	季度	（1）制订季度工作计划 （2）招聘生产部门的人员 （3）培训生产部门的员工 （4）评估生产部门的绩效 （5）考核供应商 ……	
5	年度	（1）编制年度工作总结与下一年度计划 （2）编制年度生产计划 （3）开发供应商 ……	

第二章 生产经理岗位须知

导读 >>>

生产经理岗位须知主要包含两个方面的内容，即岗位要求和工作内容。岗位要求对生产经理的任职提出各种条件，只有达到这些条件，生产经理才能胜任工作。工作内容则是生产经理的工作事项。

　　Q先生：A经理，一名合格的生产经理应该达到哪些要求呢？

　　A经理：生产经理是企业生产事务的主要负责人，其要具备良好的个人形象、过硬的心理素质、丰富的专业知识以及较强的个人能力，同时还要有良好的职业道德，只有这样才能胜任这份工作。

　　Q先生：我刚刚上任，还不清楚生产经理应做哪些工作，您能给我一些建议吗？

　　A经理：生产经理的工作千头万绪，但总体来说分为两部分，即日常管理和专业管理。前者是指制订工作计划、汇报工作与下达指示等；后者则是每天要完成的专业性事务，如生产计划管理、生产质量管理等。

第一节　生产经理的岗位要求

007　个人形象要求

生产经理若拥有一个良好的个人形象，无疑会在下属心目中获得加分。对生产经理个人形象的要求包括衣着服饰、言谈举止和神态等，具体说明如表2-1所示。

表2-1　对生产经理个人形象的要求

序号	形象素质	具体说明
1	衣着服饰	朴素、整洁、大方是对生产经理穿着的基本要求。无论穿什么款式的服装，佩戴什么样的饰品，生产经理都要做到衣着雅致美观、外表整洁端庄
2	言谈举止	言谈举止是一个人文化水平、性格特征、爱好、经历的直接体现，生产经理要做到举止彬彬有礼、谈吐文雅严谨
3	神态	（1）生产经理要给人一种亲切感、可信赖感 （2）在日常工作中，一般采用"公事凝视"，给人以郑重、严肃的感觉 （3）面对下属时，要使自己的目光更加柔和一些，这样下属会觉得你平易近人

008　心理素质要求

要想从容地面对生产管理工作中的各种复杂问题，以及更好地处理各种烦琐的事务，生产经理需具备过硬的心理素质，具体要求如图2-1所示。

在生产工作的具体事务中，难免会碰到一些困难。有时，这些困难让人感到难以克服，从而产生巨大的压力，甚至会让人感到沮丧。尤其是遇到时间紧、任务重的情况时，生产经理要承受的压力不亚于其他部门的领导。此时，生产经理只有具备坚强的意志力，才能从容不迫、冷静地处理好每项工作

坚强的意志力

超强的忍耐力

生产经理要想保持一定的威望，就必须学会忍耐。经验告诉我们：先战胜自己才能战胜他人；只有具备自制的能力，才能妥善地调整心态，冷静化解与员工之间的冲突

图2-1　对生产经理心理素质的要求

009 专业知识要求

生产经理必须了解本企业产品的相关知识，包括产品的性能、构造、规格、技术、加工、装配和包装等。此外，产品出现的异常问题和在市场中的定位也是生产经理需要了解的。对生产经理专业知识的要求主要包括基本的生产术语、生产计划的制订、交货期管理、生产成本管理、生产事故的预防与处理等。

010 个人能力要求

生产经理要想胜任生产部门的管理工作，就要具备一定的专业知识，更重要的是将知识运用到实践工作中去。对生产经理个人能力的具体要求如表2-2所示。

表2-2 对生产经理个人能力的要求

序号	能力	具体要求
1	管理能力	生产经理要不断锻炼自己，在实际操作中培养自己的管理能力 生产经理应对整个企业、企业内部的相互合作、企业信息有全面的了解，并具备管控工作的能力。同时，要想管理好企业，生产经理就要注意加强对人员的管理
2	预见力	预见力是人们揭示事物发展规律、洞悉未来的能力。生产经理要想让自己的领导活动富有成效，就必须提高自己的预见力。这需要生产经理具备丰富的专业知识和工作经验，并要有敏锐的观察力，还要勤于思考、善于思考
3	分析、解决问题的能力	分析、解决问题的能力的高低会对生产经理工作效果的好坏起关键作用
4	应变能力	应变能力是指人在遇到一些突发性事件或问题时的协调和处理能力。生产经理在应对复杂多变的生产工作时，要具备较强的应变能力
5	控制能力	从生产工作的角度讲，控制就是根据既定的目标和任务计划，监督、检查工作的实际执行情况，若发现偏差，则应找出原因并采取有效措施，以便更好地实现既定的目标与任务计划。控制的作用发挥得越好，方案就实施得越好；方案实施得越顺利，任务就完成得越理想

011 职业道德要求

对生产经理的职业道德要求，不仅要高于一般的社会道德要求，而且要高于一般岗位的职业道德要求。

凡是要求下属和员工遵守的制度，生产经理都要以身作则，严格遵守。只有这样才能使大家为实现工作目标而共同奋斗。

第二节　生产经理的工作内容

012　日常管理的工作内容

生产经理的日常管理的工作内容包括制订工作计划、汇报工作与下达指示、进行有效授权、团队管理、日常沟通管理、个人形象自检以及自我反思等，具体内容如表2-3所示。

表2-3　日常管理的工作内容

序号	工作	具体内容
1	制订工作计划	生产经理的首要任务是制订清晰、有效的工作计划。不论是制定长期的战略规划，还是制订年度培训计划、人员招聘计划、年度预算等，都需要运用规划能力
2	汇报工作与下达指示	汇报工作与下达指示是生产经理日常管理工作中的一个重要组成部分，也是其必须掌握的基本管理技能。生产经理要注意掌握汇报工作与下达指示的各种方法，并在工作中熟练运用
3	进行有效授权	生产经理在授权时，必须对自己的职位职责有一个明确定位，按照责任大小将工作分类，选择工作的重要部分加以监控，其他工作可采取授权的方式来进行，但要注意做好督导工作
4	团队管理	生产经理在团队中扮演着领导者的角色，担负着实现团队目标的主要任务和职责，包括和员工一起制订工作计划，召开团队会议，修正错误等
5	日常沟通管理	生产经理要充分认识到沟通的重要性，通过沟通发现问题并及时解决
6	个人形象自检	生产经理要做好个人形象自检。没有良好的个人形象，生产经理将很难树立个人威信，管理好部门工作
7	自我反思	生产经理应该定期或不定期地开展自我反思工作，并如实记录反思结果，以便及时改进

013 专业管理的工作内容

生产经理专业管理的工作内容涉及生产管理的具体事项，如制订生产计划、管理作业现场等，具体内容如表2-4所示。

表2-4 专业管理的工作内容

序号	工作	具体内容
1	生产经理必知的智能制造专业知识	·智能制造概述 ·智能制造MES
2	生产计划管理	·生产订单的审核 ·生产计划的制订 ·生产计划的安排与协调 ·生产计划的变更
3	生产作业管理	·生产派工 ·处理生产异常 ·消除生产瓶颈 ·控制过多、过早生产
4	生产现场管理	·生产现场定置管理 ·生产现场看板管理 ·生产现场5S管理
5	生产设备管理	·生产设备日常管理 ·生产设备维护保养
6	生产物料管理	·物料领取控制 ·物料使用管理 ·物料使用状况分析 ·生产物料盘点管理
7	生产质量管理	·日常生产质量控制 ·严格控制不良品产出
8	生产人员管理	·生产人员配备工作 ·员工培训与考核 ·生产人员的日常管理

（续表）

序号	工作	具体内容
9	安全生产管理	·安全生产教育 ·安全生产检查 ·现场目视安全管理 ·生产事故预防与处理 ·生产事故应急方案 ·职业病的预防与管理
10	生产效率提升	·现场诊断与分析 ·作业研究与改善 ·实施标准化管理

第二部分

管理技能

第三章　基本管理技能

导读 >>>

　　生产经理在日常管理工作中需要用到一系列基本管理技能，如制订工作计划、进行有效授权、日常沟通管理等。生产经理只有掌握了这些基本管理技能，才能高效地开展工作。

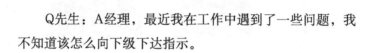

　　　　Q先生：A经理，最近我在工作中遇到了一些问题，我不知道该怎么向下级下达指示。

　　　　A经理：首先你要放低姿态，不要居高临下；其次，你要掌握下达指示的一些技巧，如明确指示的内容，明确奖励和处罚机制等，只有做好了这些工作，才算是顺利下达了一个明确的指示。

　　　　Q先生：A经理，您能教我一些沟通技巧吗？

　　　　A经理：好的。沟通分很多种，如向上沟通、向下沟通、平级沟通等，你要根据不同的情况，采用相应的技巧。例如，向上沟通时，不要给上司出"问答题"，要尽量出"选择题"；向下沟通时要注意倾听。

第一节 制订工作计划

014 工作计划的格式

工作计划的格式包含下列要素。

1．计划的名称：包括订立计划的名称和期限两个要素，如"××公司生产部2019年10月份工作计划"。

2．计划的具体要求：一般包括工作的目的和要求、工作的项目和指标、实施的步骤和措施等，也就是为什么做、做什么、怎么做、做到什么程度。

3．计划订立的时间：指订立计划的日期。

015 工作计划的内容

生产经理要想提高企业生产管理效率，就必须做好工作计划，确定好工作计划的内容，具体可用"5W1H"来概括，如图3-1所示。

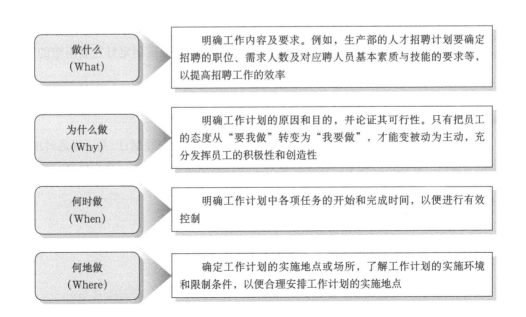

| 做什么 (What) | 明确工作内容及要求。例如，生产部的人才招聘计划要确定招聘的职位、需求人数及对应聘人员基本素质与技能的要求等，以提高招聘工作的效率 |

| 为什么做 (Why) | 明确工作计划的原因和目的，并论证其可行性。只有把员工的态度从"要我做"转变为"我要做"，才能变被动为主动，充分发挥员工的积极性和创造性 |

| 何时做 (When) | 明确工作计划中各项任务的开始和完成时间，以便进行有效控制 |

| 何地做 (Where) | 确定工作计划的实施地点或场所，了解工作计划的实施环境和限制条件，以便合理安排工作计划的实施地点 |

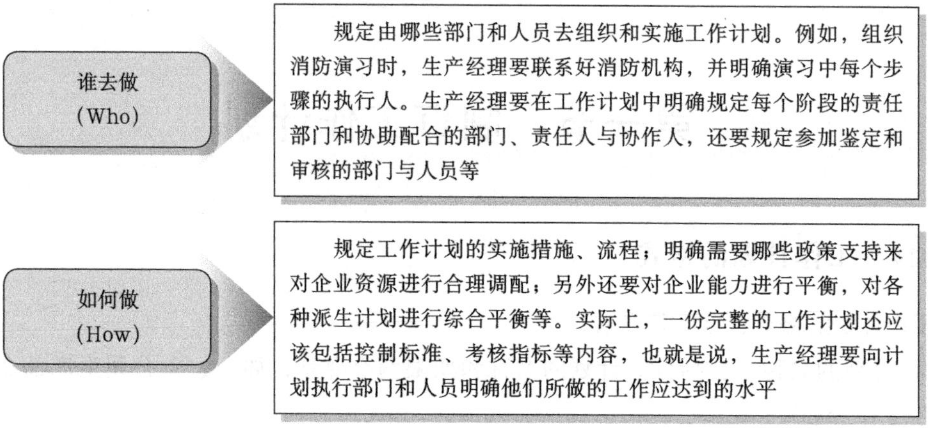

图3-1　工作计划的"5W1H"

016　工作计划的制订步骤

生产经理可参照如下步骤制订工作计划。

1．认真学习和研究有关部门颁布的规章制度，遵循规定开展工作。

2．认真分析本企业的具体情况，这也是制订计划的根据和基础。

3．根据企业的现实情况，确定工作方针、工作任务和工作要求，之后再进一步确定工作具体的实施办法、措施和步骤。

4．根据工作中可能出现的偏差、缺点、障碍和困难等，提前制定好克服困难的办法和措施，以免发生问题而让工作陷于被动。

5．根据工作任务，明确分工。

6．计划草案制订后，应交生产部全体人员进行讨论。

7．在实施过程中进一步修订、补充和完善工作计划。计划一经制订，并正式通过或批准，应坚决贯彻执行。在执行过程中，往往需要对工作计划不断加以补充，进行修订，使其更加完善，更加切合实际。

第二节 汇报工作与下达指示

017 向上级汇报工作

生产经理向上级汇报工作时应注意以下要点。

1．遵守时间，不可失约。生产经理应树立极强的时间观念，无需过早抵达，也不要迟到。

2．轻轻敲门，经允许后才能进门。即使上级办公室的门开着，也要用适当的方式告诉上级有人来了，以便上级及时调整状态。

3．汇报时要注意仪表、姿态，站有站相，坐有坐相，文雅大方，彬彬有礼。

4．汇报时要吐字清晰，声音大小适当，内容要实事求是，不能歪曲或隐瞒事实真相。

5．如果上级不注意礼仪，切忌冲动，仍然要坚持以礼相待，也可以通过以身示范来暗示上级纠正错误，或者直言相告，但要注意措辞。

6．汇报结束后，如果上级谈兴犹在，不可产生不耐烦的肢体语言，应等到上级表示结束时才可以告辞。

7．告辞时，要整理好自己的材料、衣着、茶具与座椅，当领导送别时要主动说"谢谢"或"请留步"。

018 听取下级汇报工作

生产经理在听取下级的工作汇报时要注意以下要点。

1．遵守时间。如果已约定时间，应准时等候，也可稍提前一点时间，并做好相关准备。

2．及时招呼汇报者进门入座。不可给人一种居高临下、盛气凌人的感觉。

3．善于倾听。当下级汇报工作时，可与其进行目光交流，配以点头等表示自己认真倾听的肢体动作。

4．对汇报中不清楚的地方要及时提出来，要求汇报者重复、解释，也可以适当提问，但要注意所提的问题不能打消对方汇报的兴致。不要随意批评、拍板，要先思而后言。

5．听取汇报时不要有频繁看表、打哈欠、做其他事情等不礼貌的行为。要求下级结束汇报时可用委婉的言语告知对方，不能随意打断。

6．当下级告辞时，应站起来相送。如果是联系不多的下级来汇报工作，结束后应将其送至门口，并亲切道别。

019 向下级下达指示

下达指示时，生产经理要注意以下几个问题。

1．下达指示可用口头谈话、电话、书面通知和托人传递等方式，能当面谈话的就不要打电话，能打电话的就不要书面通知（规定文书除外），能书面通知的就不要托人传递。

注意，如果要求下级完成高难度项目时，要提前将奖励机制说清楚，以激励下级去拼搏。

2．发出指示、命令之前，可以先向下级询问一些相关的小问题，通过下级的回答，把握其对所谈话题的兴趣和理解程度之后，再把自己的真实意图表述出来。

3．除了绝对机密情报，应对下级说明你发出该指示的真正原因，而且要确保是在自己认识、理解之后发出去的，不要只是做一个传话筒，"这是上面的指示，我也不知道为什么，你照办吧！"这样一来，下级的第一反应就是："你都不知道，叫我怎么做？"

4．已发出的指示、命令，有时不得已要更正。例如，一些对策、方法等，常常会反复更改，搞得下级疲于奔命，此时如果不加以说明，极容易引起下级的不满，甚至不予执行。

5．尽量当面下达指示、命令，必要的时候要亲自示范，并要求下级复述一遍。通过当面复述，你才能了解下级是否真正听清、理解了，同时也能发现自己的表述是否得当。

另外，向下级发出的指示、命令最好能在工作日记本上写下来，同时要求下级将收到的指示、命令记录在工作日记本上，这样既便于下级记忆和传达，也便于自己检查与监督。

第三节　进行有效授权

020 明确授权要素

授权是指将相关工作交给员工完成。授权包含工作指派、权力授予和责任担当三个要素，具体内容如表3-1所示。

表3-1　授权的三个要素

序号	要素	具体内容
1	工作指派	生产经理在指派工作时，往往只做到令员工获悉工作性质与工作范围，却未能令员工了解所要求的工作绩效 生产经理分内的所有工作不是都能指派给员工完成的。例如，目标的确立、政策的研拟、员工的考核与奖惩等工作，均须由生产经理亲自负责
2	权力授予	生产经理所授予的权力应以刚好能够完成指派的工作为限度。若授予的权力不及执行工作所需，则指派的工作将难以完成；反之，若授予的权力超过执行工作的需要，则势必产生权力失衡。因此，生产经理必须对所授予的权力做必要的追踪、修正甚至收回
3	责任担当	生产经理向员工授权，就意味着员工承担了一份与权力对等的责任，这是员工的责任担当。另外，当员工无法或错误地执行了工作指令时，生产经理要承担责任

021　避免踏入授权误区

授权是一种可以令员工"边做边学"的在职训练，通过这种在职训练，员工的归属感与成就感均可得到提高。许多生产经理不知道授权的好处，但又不愿意授权，其原因如表3-2所示。

表3-2　影响授权的原因

序号	原因	具体内容
1	担心员工做错事	担心员工做错事，对员工缺乏信心。员工难免会做错事，但若生产经理能给予适当的训练与培养，员工做错事的可能性势必减少。授权是一种在职训练，生产经理应提供充分的训练机会，以避免员工做错事
2	担心员工工作表现太好	有些生产经理因担心员工锋芒毕露或"功高震主"而不愿授权，但是从另一个角度来看，员工良好的工作表现可以反映出生产经理的知人善任与领导有方
3	担心失去对员工的控制	只有领导力差的生产经理在授权之后才会失去对员工的控制。若生产经理在授权的时候能划定明确的授权范围，注意权责相称，并建立追踪制度，就不用担心失去对员工的控制
4	不愿放手得心应手的工作	出于惯性或惰性，许多生产经理往往不愿将得心应手的工作授权给员工执行。另外，有许多生产经理基于"自己做比费口舌教导员工做更省事"的理由而不愿授权

(续表)

序号	原因	具体内容
5	找不到合适的员工授权	找不到合适的员工授权，常被一些生产经理当作不愿授权的借口。任何员工都具有某种程度的可塑性，均可借授权予以塑造。若真的找不到可以授权的员工，则生产经理需反思。员工的招聘、培训与考核工作若做得不错，又岂会有"蜀中无大将"之理

022　掌握授权方法

生产经理可以通过以下几个方面来掌握授权方法。

1．学会授权

授权的过程包括做出授权决定、简明交代情况和跟踪了解三个步骤（见表3-3）。生产经理要对每一步可能产生的情况有所预料。

表3-3　授权的步骤

序号	步骤	具体内容
1	做出授权决定	授权是有回报的，一些人一旦学会了完成某项任务的技能，日后无须重复交代就能很好地完成。因此，要尽量将每项工作授权给具有相应专业技能和知识的员工去完成
2	简明交代情况	要确保已向员工做了交代，且员工已经完全明白了你的意思，即要求员工做什么和什么时候完成及完成到什么程度，同时在员工工作的过程中要给予支持和指导
3	跟踪了解	在授权工作进行过程中，要检查工作的质量，并提供积极的反馈意见，要谨防把事情做过了头

2．了解全面授权

当生产经理将某项工作授权给员工时，除了要清楚地交代该项工作，还必须提供员工能够顺利完成该工作所需的全部信息。为了避免产生误解，要花时间向员工解释清楚所授权的工作要做到什么程度，讨论可能出现的困难和对策，并积极回答员工在工作过程中产生的疑问。

3．强化被授权者的职责

对授权的任务要设定明确的、切实可行的完成时间。授权他人办事并不仅仅意味着把项目的控制权交给他人，同时也意味着交付了对这项任务的职责，因此要鼓励被授权者在符合要求的前提下，用自己的方式开展工作。这样能促使他们将自己具备的专业知识和技能充分运用到工作中，同时也在一定程度上为他们提供了开发新的技术领域的机会。授权常引起的争议之一是职责问题，因此明确被授权者的职责至关重要。

第四节　会议管理技能

023　生产协调会的内容

生产协调会又叫生产调度会，是指为了调度、平衡生产进度，由PMC（生产及物料控制）部门为主导，组织召集生产、品质、技术等与生产系统相关的各个部门的负责人（主管级以上的）研究解决各部门、车间不能自行解决的重大问题而召开的会议。

对于生产异常频发的中小企业来说，其每天的生产计划的下达、生产异常的通报，以及各类问题的协调使得生产协调会必须召开。生产协调会的有效召开，是一家企业生产正常化的保障。

生产协调会探讨的内容如下。

1．各个车间昨日生产计划的达成情况的总结分析。

2．明确今日各个车间的任务。

3．对异常进行排查。

生产协调会的时间尽量控制在30分钟以内。

024　生产协调会的议程

生产协调会不是问题讨论会，其应有明确的议程，哪个部门什么时间发言、发言多少分钟都要有明确的规定。某公司生产协调会的议程如下，供读者参考。

【实用案例】

×× 公司生产协调会的议程

一、目的：实现产销协调，使生产计划顺利完成，确保订单交期满足出货需求。

二、主持人：×××。

三、时间：周一至周五上午10：00～10：30。

四、地点：二楼会议室。

五、参加人员：×××、×××、×××、×××、×××、×××、×××、×××、×××、×××、×××、×××。

六、列席队员：×××、×××。

七、会议通知／会场准备：×××。

八、会议记录：稽核员。

九、会议议程如下。

序号	部门	发言人	内容	时间	备注
1	主持人	×××	·主持人向大家问好 ·汇报人员到会情况	1分钟	有特殊事情沟通需要超时发言的，发言人应在会前提出延时申请
2	稽查中心	稽核员	·到期会议决议完成情况 ·未到期会议决议提醒	2分钟	
3	业务部	×××	·昨日接单和出货情况（接单数、出货数、订单准交率） ·客诉处理 ·明日出货计划	3分钟	
4	计划部	×××	·昨日计划完成情况（计划达成率、入库数量） ·超期和未来三天到期订单排查 ·今日计划重点跟进事项	5分钟	
5	物控部	×××	物料需求排查和采购进度	2分钟	
6	前段车间 后段车间 套装门车间	××× ××× ×××	·生产重点跟进事项 ·异常汇报 ·需会中协调事项提报 ·加班安排	6分钟	
7	品管部	×××	异常汇报、品质合格率	2分钟	
8	技术部	×××	异常汇报	2分钟	
9	厂部	×××	厂长总结	3分钟	
10	项目组	项目经理	经理点评	3分钟	

（续表）

序号	部门	发言人	内容	时间	备注
11	稽核中心	稽核员	稽核通报会议决议及会议纪律情况	1分钟	
12	主持人	×××	宣布会议结束		

备注：
1. 对于每位发言人提出的问题点，主持人可要求责任部门进行回复或自己直接回复。
2. 遇特殊事情不能在3分钟内做出决议时，应会后另行商讨。

025　车间对单会

车间对单会由各个车间内部各个工序的负责人组织召开。

很多传统企业的工艺流程很长，如家具厂、五金厂，一个车间要运转多道工序，企业能否快速出货、压缩生产周期主要看各个工序之间的衔接是否到位。

这就需要生产经理打造一个高效沟通的机制，让各个班组长、车间来做主导。各个工序围绕着生产协调会上接到的日计划的任务、各个工序进行对单。

对于每一个订单、每一个产品到了哪道工序，完成了多少，做得怎么样，有没有异常等问题，大家可在车间对单会上进行排查和确认。

026　车间对单会的议程

为了保证生产的顺利进行，提高会议效率，生产经理必须明确车间对单会的议程。某公司车间对单会的议程如下，供读者参考。

【实用案例】

×× 公司车间对单会的议程

1. 目的：为规范车间对单会管理，特制定本议程。

2. 范围：每日生产对单会。

3. 各部门的职责如下。

（1）PMC部：负责召集并主持生产对单会。

（2）参会部门：负责提供会议所需资料并参加会议。

（3）稽查中心：负责监督生产对单会全过程。

4. 会议议程如下。

序号	会议内容	时间控制	责任人
1	相关人员和部门会前须准备的资料： （1）计划员：滚动三天生产计划排程／周生产排程，生产进度控制异常的各类表单电子档 （2）物控员：物料需求计划表、物料备料欠料表、采购物料品质控制异常的各类表单电子档 （3）生产车间：前一日生产工序日报表，各车间生产计划进度跟进表，并书面提出相关影响交期的异动	每日上午8:30前准备好	PMC计划 PMC物控 各车间主任
2	议程安排： （1）地点：一楼×××经理办公室； （2）需参加部门及人员：×××、×××、×××、×××、×××、×××、×××、××× （3）所有与会人员签到 （4）主持人宣布会议正式开始，并宣布会议纪律，通报本次出勤状况 （5）主持人通报上次会议决议完成情况并宣布处罚决定	会议开始3分钟内完成	会议主持人
3	PMC部计划员根据滚动三天生产计划排程核对计划达成状况、物料总体状况、异常情况，并要求责任部门明确完成时间；PMC部物控员协调其他相关部门支持解决问题并形成会议决议	15分钟内完成	PMC计划员
4	主持人总结并确定会议决议	3分钟内完成	主持人
5	项目组经理点评	2分钟内完成	×××经理
6	针对此次会议，对违纪人员进行通报并做出处罚	1分钟内完成	稽核员
7	会议主持人宣布会议结束	1分钟内完成	主持人

备注：

1. 对于每位发言人提出的问题点，主持人可要求责任部门进行回复或自己直接回复。

2. 遇特殊事情不能在3分钟内做出决议时，应会后另行商讨。

3. 主持人要掌握好时间，需要延时应提前5分钟向大家说明。

027　开晨会的意义

晨会是实现组织愿景的有效手段，也是打造企业文化的具体措施。开晨会的意义如表3-4所示。

表3-4　开晨会的意义

意义	说明
统一团队的价值观	通过对组织中某些现象的评价，让员工清楚：组织的原则是什么，底线是什么，提倡什么，反对什么。对提倡的行为要予以表彰鼓励，对反对的坚决予以惩处，以此将价值观根植于每位员工的心中
保障战略目标的实现	企业的战略目标只有从内容上层层分解到个人，从时间上细化到年、月、日，再一件件落实，才能逐步实现，而晨会正好可以通过了解员工每天工作的进度来落实战略的完成情况
部署重点工作	将当日的工作重点进行部署和强调，确保每位成员知悉，同时便于相互间的配合
提升员工的自信心	一日之计在于晨，良好的精神状态是高效工作的前提，生产经理要利用好晨会，传播正能量，增强员工的信心
培养雷厉风行的作风	每项工作要有安排、有检查、有追踪、有落实，让员工意识到工作必须落地，养成以目标为导向，工作无借口的习惯
促进成员技能提高	通过内部成员对工作中的经验和教训分享，督促其他成员借鉴和应用
解决信息的"肠梗阻"现象	将晨会作为信息交流的平台，及时传达公司的指示和精神，以及重要信息的反馈
树立领导权威	生产经理要不断加强文化素质、道德素质和人格魅力三个方面的修养，同时严于律己，保持良好的工作作风

因此，开好晨会可以有效提升一个团队的凝聚力、执行力和战斗力，为迅速实现组织愿景奠定坚实的基础。

028　开好晨会的要点

开好晨会的要点如图3-2所示。

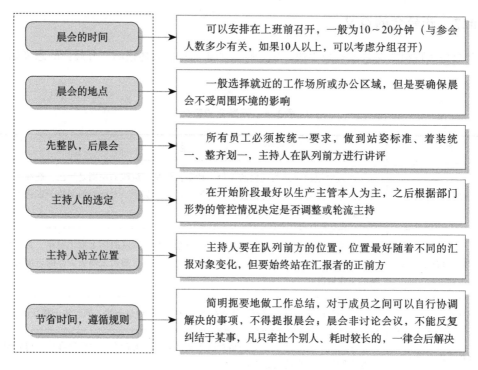

图3-2　开好晨会的要点

029　有效晨会的模式

高效的晨会一般都目的明确、条理清晰、节奏紧凑，具体参照图3-3所示的模式。

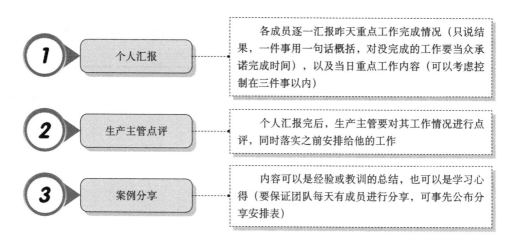

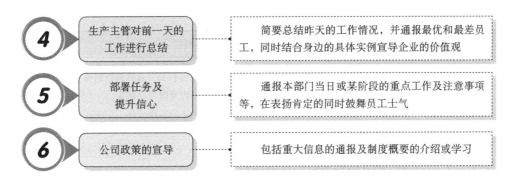

4	生产主管对前一天的工作进行总结	简要总结昨天的工作情况，并通报最优和最差员工，同时结合身边的具体实例宣导企业的价值观
5	部署任务及提升信心	通报本部门当日或某阶段的重点工作及注意事项等，在表扬肯定的同时鼓舞员工士气
6	公司政策的宣导	包括重大信息的通报及制度概要的介绍或学习

图3-3 有效晨会的模式

另外，生产经理还需做一些事前准备工作。例如，提前到厂巡视生产现场，了解原料、设备、产品、人员等情况；查看值班记录（有夜班企业），对值班中出现的问题要事先了然于胸；查看班组交接记录，了解当班任务完成情况及注意事项；对公司新传达的管理规定、会议精神或重大事件进行简要整理；对前一天的员工的评价进行汇总分析，等等。

第五节 日常沟通管理

030 了解常见的沟通方式

常见的沟通方式如表3-5所示。

表3-5 常见的沟通方式

序号	沟通方式	具体内容
1	文字形式	文字形式是指以报告、备忘录、信函等形式进行沟通。采用文字进行沟通的原则如下： （1）文字要简洁 （2）如果文件内容较多，应在文件前加目录或摘要 （3）合理组织内容，将最重要的信息放在最前面 （4）要有清晰、明确的标题
2	口语形式	口语形式是指面对面地进行沟通。沟通者应具有丰富的知识、较强的自信心，还要做到发音清楚、语调平稳等

（续表）

序号	沟通方式	具体内容
3	肢体语言形式	肢体语言形式是指伴随沟通的一些非语言行为，具体包括眼神、面部表情和手势等。例如，同意对方的看法时可以点头，不同意时可以摇头

031　了解常见的沟通障碍

常见的沟通障碍一般来自传送方、接收方和传送渠道三个方面，具体内容如表3-6所示。

表3-6　常见的沟通障碍

障碍来源	传送方	接收方	传送渠道
主要障碍	·用词错误，词不达意 ·咬文嚼字，过于啰唆 ·不善言辞、口齿不清 ·总要他人听自己的 ·态度不端正	·听不清楚 ·只听自己喜欢的部分 ·带有偏见 ·光环效应 ·情绪不佳 ·没有注意言外之意	·经他人传达而产生误会 ·环境选择不当 ·沟通时机不当 ·有人蓄意破坏、挑衅

032　明确沟通方法

生产经理与他人沟通时应掌握下述方法。

1．欢迎他人提出不同意见。

2．感谢他人的建议。

3．先听后说。

4．中间不做情绪上的直接反应。

5．态度诚恳，说话符合实际。

另外，生产经理在与人沟通时应遵循这样一个原则：沟通无共识，应予以协调；协调未果，应进行谈判；谈判无果，应申诉裁决。

033 向上沟通的注意事项

为了确保能够与上级进行良好的沟通，生产经理应注意以下几点内容。

1．不要给上司出"问答题"，尽量出"选择题"

与上司沟通不要出问答题，要出选择题。例如，我们可以这样来提议：

——领导，对于 ×× 问题我们是明天下午开会讨论，还是后天上午 10∶30 开会讨论呢？

——后天上午 10∶30 讨论吧。

——谢谢，我明天下班前再提醒您一下。

2．选好地点

举个例子，有些只需要领导简单回答"是"或"否"的问题，可以采取这样一种方法：可以直接到公司停车场等候领导。当他一看到你时，你要快速、简要地提出问题，他一般都会给出意见。

3．一定要准备好答案

若没有准备好答案，那么后果只有两个：一是领导会否定你的工作能力；二是领导也没有标准的答案，导致工作无法继续。因此，基于这些问题，我们最好先准备好答案或解决方案。

034 平级沟通的注意事项

部门间平级沟通的常见问题有缺乏诚信、言语不实、没有服务及积极配合的意识。为了消除平级沟通中的障碍，我们可从图3-4所示的几个方面入手。

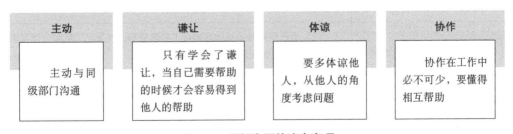

图3-4 平级沟通的注意事项

035 向下沟通的注意事项

生产经理怎么做才能使向下沟通更有效呢？以下为三个应注意的要点。

1．多了解状况。在与下级沟通之前，应多学习、多了解、多询问、多做功课，这样才能言之有物，才会让下级信服。

2．鼓励下级多尝试、多探索。很多领导不愿意犯任何错，也不愿让下级做任何尝试，这样做似乎很安全，但不利于业务员的成长。

3．提供方法，紧盯过程。与下级沟通时重要的是提供方法和紧盯过程。如果你管理过仓库，就告诉下级存货一般是怎么浪费的；如果你做过财务，就告诉下级回款为什么常常出现问题。

036　需要立即沟通的情况

当工作中出现表3-7所示的情况时，生产经理一定要立即与员工进行沟通。

表3-7　需要立即沟通的情况

序号	情况	具体说明
1	阶段性绩效考评结束之前的绩效沟通	这是最重要的，也是最有必要的沟通
2	员工工作职责、内容发生变化	这种情况下，生产经理应向员工解释哪些内容发生了变化，变化的原因是什么，这种变化对公司有什么好处，同时征求员工对这种变化的看法，最后要重新确认变化后的工作职责和内容
3	员工工作中出现重大问题或未完成某个具体工作目标	注意沟通时的语气，生产经理要本着帮助员工发现问题产生的原因、寻找解决问题的方法的目的，而不是一味追究员工的责任
4	员工表现出明显变化，如表现异常优异或非常差	（1）生产经理对表现优异的员工提出表扬，并适当了解和分析其出现变化的原因，以加强和延续其良好势头 （2）生产经理要向表现非常差的员工指出其表现不佳的地方，询问其遇到了什么问题，帮助其找出原因并制定改进措施，另外在日常工作中不断给予其指导和帮助
5	员工工资、福利或其他利益发生重大变化	生产经理要对员工说明发生变化的原因，不管是增加还是减少，都要向员工做出解释。尤其是当工资、福利减少时，更要阐述清楚公司做出该调整的原因，并表明什么时间会再次做出调整，调整的依据是什么
6	员工提出合理化建议或看法	（1）如员工的建议被采纳，生产经理应及时告诉员工并给予奖励，同时明确指出其建议对公司发展的帮助

（续表）

序号	情况	具体说明
6	员工提出合理化建议或看法	（2）如员工的建议未被采纳，生产经理也应告知员工未被采纳的原因，表明公司和本人对其建议十分重视，肯定其对公司工作的关心和支持，希望其继续提出合理化建议
7	员工之间出现矛盾或冲突	生产经理要了解和分析出现矛盾的原因，并进行调解，主要从矛盾双方的出发点、双方的优点、对工作的影响、矛盾的轻重等方面与双方分别进行沟通。涉及其他部门人员时，可以请其他部门经理协助一起做工作
8	员工对自己有意见	合格的生产经理要先检讨自己，看自身工作有无不妥或错误之处，如有，则要向员工道歉并提出改进方案或措施
9	新员工到岗、员工辞职	（1）新员工到岗后，生产经理应向其说明工作职责和工作内容，以及对他的殷切希望。通过沟通，了解新员工情况，帮助其制订学习和培训计划，使其尽快融入团队 （2）员工辞职时，也要与其进行充分沟通，对其为公司所做贡献表示感谢，了解其辞职的真实原因和对公司的看法，便于今后更好地改进工作
10	员工生病或家庭发生重大变故	生产经理应关心员工的生活，为生活困难的员工提供力所能及的帮助

037 掌握倾听的方法

一些常用的倾听的方法如表3-8所示。

表3-8 倾听的方法

序号	方法	具体运用要点
1	主动	如果不愿意主动去倾听和理解，沟通就没有效果
2	目光接触	通过与员工进行目光接触，降低分神的可能性，同时给员工以鼓励
3	表现出兴趣	通过非言语信号，如在目光接触时坚定地点头，表现出你对谈话内容感兴趣
4	避免分神	不要做出一些表明你正在思考其他事情的动作，如在倾听的过程中看表、翻动文件等，以免员工会认为你觉得他的讲话内容无聊或无趣

（续表）

序号	方法	具体运用要点
5	表现关注	将自己置于倾听者的位置来理解员工的所看、所感，不要将自己的要求和意志强加到员工身上
6	把握整体	像解读实际内容那样去把握整体，如果只听词语而忽视其他声音信息和非言语信号，将会漏掉很多细微信息
7	提问	分析自己所听到的内容，并提问，通过提问明晰所讲内容，以确保理解所听内容，并向员工表明你正在倾听
8	解释	用自己的语言复述员工所讲内容，如"我听你这样说……""你的意思是不是……"
9	不要打断员工讲话	员工讲话时，不要随意打断他，也不要试图去揣测员工的思路
10	整合所讲内容	边倾听边整合，更好地理解表达者的思想
11	不要讲太多	倾听时不要讲太多，这样容易让倾诉者反感
12	让说者和听者间的转换更流畅	在很多情况下，你需要不断地在说者和听者两个角色之间进行转换。从倾听者的角度来说，你应该关注说者所讲的内容，在获得发言机会前不要总斟酌自己要讲的内容

第四章 自我管理技能

导读 >>>

生产经理不仅要掌握基本管理技能，还要做好自我管理工作。自我管理包括个人形象自检和自我反思。通过形象自检，生产经理能更好地展现个人形象；通过自我反思，生产经理可以获知个人失误，及早做出改进，取得更大进步。

Q先生：最近公司有人告诉我不该留长发，这会影响公司的形象，是这样吗？

A经理：这要看公司的具体规定。我建议你在每天上班之前，按照公司规定对自己进行形象自检，如果不符合规定，要立即改正。

Q先生：好的，谢谢。前几天因为工作失误与一位同事发生了争吵，我心里很不安，对此我该怎么处理呢？

A经理：如果确实是因为你的工作失误导致争吵，你应该向你的同事道歉。对于这方面的问题，你可以定期进行自我反思，将自己平时犯的错误记录下来，找出解决方案，不断改进，这样才会取得进步。

第一节 个人形象自检

038 男士形象自检内容

男士形象自检的具体内容如表4-1所示。

表4-1 男士形象自检内容

序号	项目	检查标准	自检结果
1	头发	(1) 发型款式大方,不怪异 (2) 头发干净整洁,长短适宜 (3) 无浓重气味,无头皮屑,无过多的发胶、发乳 (4) 额前头发未遮住眼睛 (5) 鬓角修剪整齐	
2	面部	(1) 胡须已剃净 (2) 鼻毛不外露 (3) 脸部清洁滋润 (4) 牙齿无污垢 (5) 耳朵清洁干净	
3	手	(1) 干净整洁,无污物,无异味 (2) 指甲已修剪	
4	外套	(1) 与工作环境相匹配 (2) 外套上没有脱落的头发、头皮屑,无灰尘、油渍、汗迹 (3) 衣袋平整,无棉尘、脏物	
5	衬衫	(1) 领口整洁,纽扣系好 (2) 袖口清洁,长短适宜 (3) 领带平整、端正,颜色不怪异	
6	裤子	(1) 熨烫平整 (2) 裤缝折痕清晰 (3) 裤长及鞋面 (4) 拉链结实、已拉好 (5) 无污垢、斑点	

（续表）

序号	项目	检查标准	自检结果
7	袜	(1) 袜子干净 (2) 袜子与衣服的颜色、款式协调	
8	鞋	(1) 已上油擦亮 (2) 鞋后跟未磨损变形 (3) 鞋与衣服的颜色、款式协调	
9	其他	(1) 面带微笑 (2) 精神饱满	

039　女士形象自检内容

女士形象自检的具体内容如表4-2所示。

表4-2　女士形象自检内容

序号	项目	检查标准	自检结果
1	头发	(1) 干净整洁，有自然光泽，没有太多发胶 (2) 发型大方、得体、干练 (3) 额前头发未遮住眼睛 (4) 头上饰品佩戴合适	
2	面部	(1) 化淡妆 (2) 脸部清洁滋润 (3) 牙齿无污垢 (4) 耳朵清洁干净	
3	手	(1) 手掌干净、无异味 (2) 指甲已修剪整齐，长短合适 (3) 指甲油浓淡合适，无脱落现象	
4	饰品	(1) 饰品不夸张 (2) 款式精致，材质优良 (3) 走动时饰品不会发出声音	
5	外套	(1) 与工作环境相匹配 (2) 外套上没有脱落的头发、头皮屑，无灰尘、油渍、汗迹 (3) 衣袋平整，无棉尘、脏物	

（续表）

序号	项目	检查标准	自检结果
6	衬衫	(1) 领口整洁，纽扣系好 (2) 袖口清洁，长短适宜 (3) 表面无明显的内衣轮廓痕迹	
7	裙子	(1) 长短合适 (2) 松紧适宜 (3) 拉好拉链，裙缝位正 (4) 无污物、无绽线	
8	长筒袜	(1) 颜色合适，不影响工作 (2) 干净、整洁，无绽线	
9	鞋	(1) 干净，无污渍 (2) 款式大方简洁，没有过多装饰与色彩 (3) 鞋跟高度适宜，走动时不发出很大声响 (4) 鞋后跟未磨损变形 (5) 鞋与衣服的颜色、款式协调	
10	其他	(1) 面带微笑 (2) 情绪饱满	

生产经理应以个人形象自检内容为标准，每天在自检的基础上，对生产部所有员工的个人形象进行检查，因为无论是管理者还是员工，其个人形象都代表着整个企业的形象。

第二节　自我反思

040　了解自我反思的内容

生产经理作为企业各项生产事务的负责人，在日常工作中，需要与部门内外各级人员沟通交流，以顺利完成企业生产工作。

生产经理在与人交流的过程中难免会遇到沟通不畅等问题。例如，某生产经理在处理客户投诉时的态度不好，导致与该客户关系变得非常差，以致最后失去了这位客户。

因此，生产经理在日常工作中应经常进行自我反思。

041 做好自我反思记录

生产经理应针对个人工作中出现的问题进行深刻反思，以提高自身的管理水平。一般来说，生产经理应每周进行一次全面的自我反思，将问题记录下来，并提出解决方案。生产经理自我反思记录表样例如表4-3所示。

表4-3 生产经理自我反思记录表

日期：___年__月__日

日期	个人问题	解决方案
周一		
周二		
周三		
周四		
周五		
周六		
周日		

042 自我反思推广运用

生产经理要将自我反思的结果如实地记录下来，并经常翻看这些记录表，吸取经验教训，以便更好地开展工作。

同时，生产经理还可以在部门中推广自我反思的做法，要求下级也这样做，促进大家共同进步。

第三部分

专业技能

第五章　生产经理必知的智能制造专业知识

导读 >>>

　　智能制造是一种由智能机器和人类专家共同组成的人机一体化智能系统，它把制造自动化的概念更新，扩展到柔性化、智能化和高度集成化。因此，生产经理要紧跟时代发展趋势，不断提高自己的职业素养。

　　　　Q先生：A经理，现在智能工厂的概念很流行。有许多工厂也在尝试通过物理基础设施和信息基础设施的融合，实施多系统之间实时的管理、协调和控制。

　　　　A经理：嗯，这是工厂发展的趋势。传统的生产管理，往往依靠人为的经验，可能会出现生产排单安排不合理的情况，从而导致供需不平衡、生产资源浪费、成本上升，进而制约着企业发展。

　　　　Q先生：看来我们有点落伍了。

　　　　A经理：我们要抓紧学习这方面的知识，为企业以后引进智慧技术，建设智慧工厂，提高工厂的管理效率和生产效率做准备。

第一节　智能制造概述

043　什么是智能制造

智能制造是指面向产品全生命周期，实现泛在感知条件下的信息化制造。智能制造技术是在现代传感技术、网络技术、自动化技术、拟人化智能技术等先进技术的基础上，通过智能化的感知、人机交互、决策和执行技术，实现设计过程、制造过程和制造装备智能化，是信息技术、智能技术与装备制造技术的深度融合与集成。智能制造是信息化与工业化深度融合的大趋势。

044　智能制造的作用

智能制造的作用如图5-1所示。

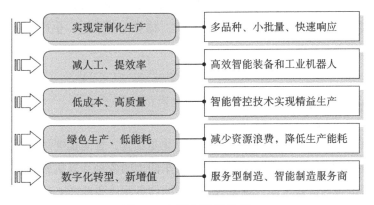

图5-1　智能制造的作用

045　智能制造的主要内容

智能制造的主要内容包括智能工厂、制造环节及装备智能化、网络互联互通、端到端数据流四个方面。

智能工厂是实现智能制造的载体。在智能工厂中，通过生产管理系统、计算机辅助工具和智能装备的集成与互操作来实现智能化、网络化分布式管理，进而实现企业业务流程、工艺流程及资金流程的协同，以及生产资源（材料、能源等）在企业内部及企业之间的动态配置。

一方面，"工欲善其事，必先利其器"，实现智能制造的利器就是数字化、网络化的工具软件和制造装备，其包括以下类型：计算机辅助工具，如CAD（计算机辅助设计）、CAE（计算机辅助工程）、CAPP（计算机辅助工艺设计）、CAM（计算机辅助制造）、CAT（计算机辅助测试，如ICT信息测试、FCT功能测试）等；计算机仿真工具，如物流仿真、工程物理仿真（包括结构分析、声学分析、流体分析、热力学分析、运动分析、复合材料分析等多物理场仿真）、工艺仿真等；工厂/车间业务与生产管理系统，如ERP（企业资源计划）、MES（制造执行系统）、PLM（产品全生命周期管理）/PDM（产品数据管理）等；智能装备，如高档数控机床与机器人、增材制造装备（3D打印机）、智能炉窑、反应釜及其他智能化装备、智能传感与控制装备、智能检测与装配装备、智能物流与仓储装备等；新一代信息技术，如物联网、云计算、大数据等。

另一方面，智能制造是一个覆盖更宽泛领域和技术的"超级"系统工程，在生产过程中以产品全生命周期管理为主线，还伴随着供应链、订单、资产等全生命周期管理。在智能工厂中，借助各种生产管理工具/软件/系统和智能设备，打通企业从设计、生产到销售、维护的各个环节，实现产品仿真设计、生产自动排程、信息上传下达、生产过程监控、质量在线监测、物料自动配送等智能化生产。

046　如何实现制造环节智能化

企业要实现智能制造，网络化是基础，数字化是工具，智能化则是目标。

网络化是指使用相同或不同的网络将工厂/车间中的各种计算机管理软件、智能装备连接起来，以实现设备与设备之间、设备与人之间的信息互通和良好交互。

数字化是指借助各种计算机工具，一方面在虚拟环境中对产品特征、生产工艺甚至工厂布局进行辅助设计和仿真验证；另一方面，对生产过程进行数字化管理。

智能化一般分为两个阶段，当前阶段是面向定制化设计，支持多品种小批量生产模式，通过使用智能化的生产管理系统与智能装备，实现产品全生命周期的智能管理；未来愿景则是实现状态自感知、实时分析、自主决策、自我配置、精准执行的自组织生产。

数字化、网络化、智能化是保证智能制造实现"两提升、三降低"经济目标的有效手段。数字化确保产品从设计到制造的一致性，并且在制样前对产品的结构、功能、性能乃至生产工艺都进行仿真验证，极大地节约开发成本、缩短开发周期。网络化通过信息横纵向集成实现研究、设计、生产和销售各种资源的动态配置以及产品全程跟踪检测，实现个性化定制与柔性生产的同时提高了产品质量。智能化将人工智能融入设计、感知、决策、执行、服务等产品全生命周期，提高了生产效率和产品核心竞争力。

047　智能工厂的主要特征

智能工厂的主要特征如图5-2所示。

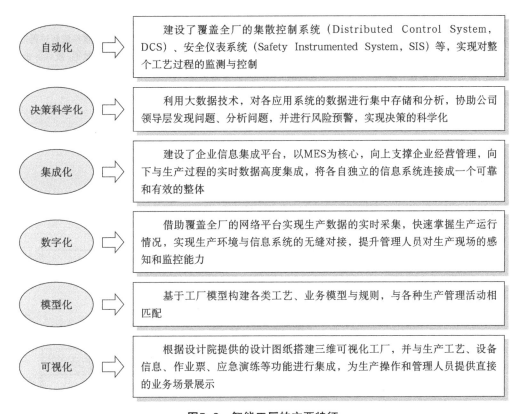

自动化	建设了覆盖全厂的集散控制系统（Distributed Control System，DCS）、安全仪表系统（Safety Instrumented System，SIS）等，实现对整个工艺过程的监测与控制
决策科学化	利用大数据技术，对各应用系统的数据进行集中存储和分析，协助公司领导层发现问题、分析问题，并进行风险预警，实现决策的科学化
集成化	建设了企业信息集成平台，以MES为核心，向上支撑企业经营管理，向下与生产过程的实时数据高度集成，将各自独立的信息系统连接成一个可靠和有效的整体
数字化	借助覆盖全厂的网络平台实现生产数据的实时采集，快速掌握生产运行情况，实现生产环境与信息系统的无缝对接，提升管理人员对生产现场的感知和监控能力
模型化	基于工厂模型构建各类工艺、业务模型与规则，与各种生产管理活动相匹配
可视化	根据设计院提供的设计图纸搭建三维可视化工厂，并与生产工艺、设备信息、作业票、应急演练等功能进行集成，为生产操作和管理人员提供直接的业务场景展示

图5-2　智能工厂的主要特征

048　智能工厂——先数字化再智能化

一个工厂要想实现真正的智能化，一定是先数字化，然后再智能化，具体内容如图5-3所示。

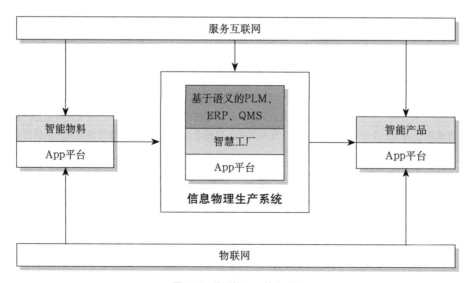

· 安灯系统信息采集与发布
· 设备运行状态和运行参数
· 线边物料的消耗与配送
· 现场视频采集与近景分析
· 现场环境（光/温/湿/尘/气）

· WIP跟踪（工位/工序/部件）
· 各工位关重件安装匹配查验
· 生产报工与节拍价值分析
· 各型号/各订单的完工情况
· 各工位/各关重件实作工时

制造
资源　　现场
运行　　物料
管控　　生产
过程　　质量
管控

· 设备运行状态和运行参数
· 刀具/量具/模具在库/在工位
· 装运车辆的定位/跟踪/调度关
　键岗位人员的定位/呼叫
· 资源的能力/效率跟踪分析

· 物流通道及设备监控
· 叉车/AGV运行情况
· 物流设备位置数字地图显示
· 配送执行状态跟踪及监控
· 仓库出入库/库存/缺料跟踪

· 质量统计分析报表及异常报告
· 质检现场数据/质检设施数据
· 主机及关重件流转过程监控
· 质量报表数据/统计分析数据
· 现场质量事故位置与性质分析

图5-3　先数字化再智能化

049　智能工厂的架构

基于物联网和服务互联网的智能工厂的架构如图5-4所示。

服务互联网

智能物料
App平台

基于语义的PLM、
ERP、QMS
智慧工厂
App平台

信息物理生产系统

智能产品
App平台

物联网

图5-4　智能工厂的架构

050　智能工厂的流程

基于云安全网络智能工厂的流程如图5-5所示。

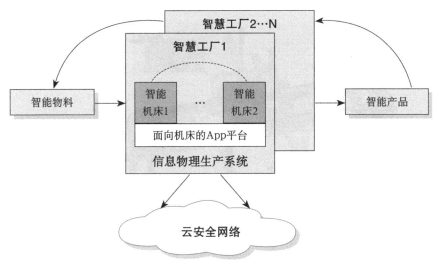

图5-5　智能工厂的流程

051　智能工厂的布局

智能工厂的布局如图5-6所示。

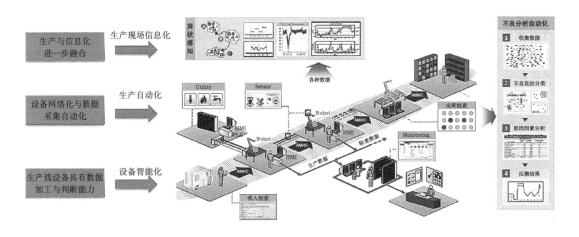

图5-6　智能工厂的布局

47

052　智能工厂的生产线

基于无线、RFID、传感器和服务的智能工厂的生产线如图5-7所示。

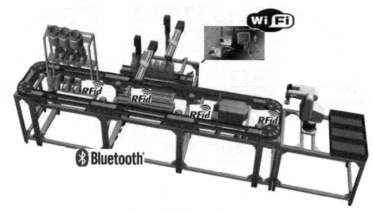

图5-7　智能工厂的生产线

第二节　智能制造MES

053　什么是智能制造系统

　　智能制造系统是一种由智能机器和人类专家共同组成的人机一体化智能系统。它在制造过程中能以一种高度柔性与集成不高的方式，借助计算机模拟人类专家的智能活动进行分析、推理、判断、构思和决策等，从而取代或者延伸制造环境中人的部分脑力劳动。同时，它能收集、储存、完善、共享、集成和发展人类专家的智能。

054　什么是MES

　　MES（Manufacturing Execution System）即制造企业生产过程执行系统，是一套面向制造企业车间执行层的生产信息化管理系统。MES可以为企业提供包括制造数据管理、计划排程管理、生产调度管理、库存管理、人力资源管理、工作中心/设备管理、工具工装管理、采购管理、成本管理、项目看板管理、生产过程控制、底层数据集成分析、上层数据集成分解等管理模块，为企业打造一个扎实、可靠、全面、可行的制造协同管理平台。

MES与企业级的资源计划系统ERP和工厂底层的控制系统SFC一样，是提高企业制造能力和生产管理能力的重要手段。

055　MES功能——计划管理

计划管理即根据订单和生产计划制订详细排程和车间生产作业计划。它是一种资源分配的决策活动，生产经理要考虑订单优先级、交货期、库存、加工路径、产品特性、加工工序、设备负荷、资源限制等条件，将生产计划与用户订单转化为具体的生产作业计划，排出高效率的日（班、线、台等）作业顺序。

计划管理在MES设计过程中的主要需求如下。

1．总厂计划（系统集成）：在系统设计过程中需要考虑总厂对各类订单的加工生产线计划导入以及对交货期进行控制管理，并在MES中进行车间现场详细排程工作。

2．手动排产：该功能模块主要是对从总厂中读取的主计划进行分解，企业工作人员根据现场设备负荷、交货期等情况在系统中进行手动排程、派工等操作，可具体到人员、设备、工位等。

3．生产进度跟踪：可实时了解车间生产线现场的各订单的实际进度。

056　MES功能——工艺管理

工艺管理是MES中必不可少的一个重要环节。工艺管理是稳定和提升产品质量、提高生产效率、保证安全生产、降低消耗、增加经济效益、推进生产的重要手段和保证。工艺管理在MES中的主要需求如下（该功能可根据企业已有PDM系统中的功能进行集成，把MES需要的信息从PDM系统中读取出来，避免重复工作，该工作需PDM系统开发商配合，提供接口和相关字段）。

1．工艺文件和图文的管理：可在系统中对生产工艺和图文等相关文件进行统一管理。

2．工艺流程管理：可在系统中自定义工艺路线等。

3．工艺版本管理：可通过版本管理工艺路线等。

4．审批管理：当系统中工艺流程或工艺版本变更时，需进行审批，审批流程可自定义。

057　MES功能——设备管理

设备管理是一套对生产设备、操作规程、管理制度、运行监控、故障诊断、维修维护、运行统计等进行全面管理的模块。该模块需要和设备联网系统集成，其在MES系统中的主要需求如下。

1．设备台账管理。

2．实时运行监控（设备联网 PLCC 系统）。

3．设备故障报警（设备联网 PLCC 系统）。

4．设备运行统计分析（设备联网 PLCC 系统）。

5．智能巡检信息化管理（MES 中实现）。

6．维修维护管理（MES 中实现）。

7．备品备件管理（MES 中实现）。

8．零配件采购（MES 中实现）。

058　MES功能——生产报工

生产进度的实时报工在MES中是最重要的一个节点，每一个工序或零件的完成与否将直接决定整个生产任务是否能够完成，甚至影响整个企业的计划安排，所以通过车间实时数据报工，能最大限度地贯彻好调度结果的有效执行。

生产报工在MES中的主要需求如下。

1．操作终端：在每条生产线的关键工位上或每几台设备间放置一条工位终端，用来进行任务查看、生产进度提交、异常呼叫、图文查看等。

2．生产任务查看：在车间现场指定位置放置操作终端，员工通过现场终端刷卡来了解自己的生产任务，并查看相关工位文件、操作说明等。

3．生产进度提交：通过现场工位机或设备数据采集直接提交生产数量。

059　MES功能——异常管理

生产过程中有可能出现的异常情况，如设备故障、缺料、加工异常等情况。出现异常时，MES会进行异常报备、异常跟踪处理、异常紧急预案处理设置及异常短信通知设置，并定时生成异常处理报告和报表。同时实现快速的信息传递、申请呼叫、实时显示、统计分析、报表生成等，并就工序作业、设备状态、质量问题、供应物料情况等进行实时的信息传递和管理，对生产全过程提供支持。当品质、工艺、设备、设备参数出现异常报警时，若责任人在规定的时间内未处理报警，系统会根据预先设定的人员、处理时间及提醒方式逐级进行提醒。

异常管理在MES中的主要需求如下。

1．可在系统中自定义设置异常类型。

2．可以通过短信、邮件、看板的方式通知相关人员，并根据故障类型的不同指定不同的处理人员。

3．当出现异常时，若处理人员处理超时则要将情况逐级上报。

4．可以通过现场操作终端进行异常呼叫，呼叫时需刷员工卡，以记录呼叫人员信息、呼叫时间、呼叫工位、处理人员、处理时间等。

关于异常处理的具体操作可参考图5-8所示的内容。

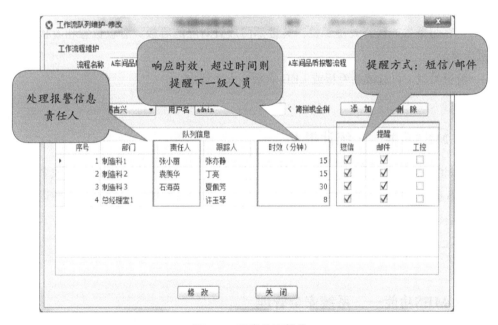

图5-8　异常处理操作

060　MES功能——质量管理

进行质量管理的目的主要是为了控制生产过程中的产品质量，降低生产风险，提高产品合格率和客户满意度。生产经理可针对关键工序设置检验指导内容、质检项及参数供质检人员对比确认，以降低因上道工序存在的质量问题继续加工生产而带来的损失。质量管理在MES中的主要需求如下。

1．通过现场终端可以提交生产过程中产品自检、报废、返修等数据。

2．移动检验：检验人员通过移动终端（如PDA、PAD等），选定生产任务进行检验，并提交检验数据。

3．工作人员可通过系统实时查看当前生产任务的检验记录和统计结果。

4．通过设备数据采集，可自动获取检验设备的检验数据并向系统提交。

061　MES功能——看板管理

看板是把相关人员需要的数据直观展示出来，以帮助操作人员和管理人员进行生产管控。看板管理在MES中的主要需求如下。

1．可在每条生产线、关键工位、关键部门放置对应的看板。看板位置和看板内容需详细调研后确定。

2．看板类型：可选液晶看板或LED看板，大小待定。

062　MES功能——统计报表

一般来说，企业会把收集到的统计数字进行系统、深入的分析，然后转换成各种有用的信息。MES系统可根据各种数据源生成相关报表，如设备故障统计报表、设备运行统计报表等，并支持自由选取时间跨度、对象进行统计等功能。报表内容和报表展示方式需调研后（系统根据已有数据及企业需要）生成。

063　MES功能——系统安全管理

企业生产管理人员需要对每个菜单、每个操作、每个登录人员进行详细的权限划分。如果某一员工拥有很高的权限，但对MES不熟悉，在工作的过程中很可能给企业造成不可预估的损失。相反，对于管理层来说，如果没有足够的权限及时查看数据，进行分析总结，那么就会出现信息获取屏障、问题发现不及时、响应迟缓等问题。由此可见，系统权限的设置必不可少，它是软件安全运行的基础条件。在权限划分中，企业可采取等级制，明确权限大小、操作范围、信息知晓范围等，从而保证系统信息及运行安全，达到精确控制信息的私密性、独立性。

064　MES功能——系统接口

企业在设计、分析、开发MES的过程中，一方面应充分考虑已有信息系统的对接（如OA、PDM、CAPP、ERP、DNS等），确保客户的投资；另一方面，还应考虑系统的后续扩展，为以后的扩充预留接口。

已有系统的数据对接主要如下。

1．与ERP系统的接口：把MES中需要且ERP中存在的内容通过集成读取到MES中，如设备管理、BOM管理等模块的部分或全部信息。

2．与PDM系统的接口：实现生产现场加工任务和零件工艺图纸、工艺路线等的无缝连接。

3．与PLCC系统的接口：由于PLCC系统可作为一个独立的系统存在，故PLC和MES直接的数据交互需通过系统集成的方式实现。

065　MES的发展趋势

实现智能制造是未来MES开发发展的方向。所谓智能制造，就是将人工智能融合进制造的各个环节，通过模拟专家的智能活动，取代或延伸制造环境中应由专家完成的相应活动。MES主要包含以下内容。

1．MES建立面向产品设计与制造一体化知识库支撑体系。

2．MES构建重构设计管理体系，以产品及生产知识共享以及再利用为目标，聚焦分散环境下的制造问题及制约条件，建立产品设计体系。

3．MES建立可重构的生产系统，以作为长期研究目标的柔性工厂及生产过程知识共享为目的，建立可重构的生产体系与生产管理体系。

4．MES构建柔性设备，利用知识库等研究成果，探讨开发下一代柔性人机一体化运作方式。

5．MES探讨大规模定制的生产模式。

未来MES必须具有智能性和适应性，能够根据制造环境的变化进行智能设计、智能决策、智能诊断、智能预测、智能调度及智能追溯。MES发展趋势如图5-9所示。

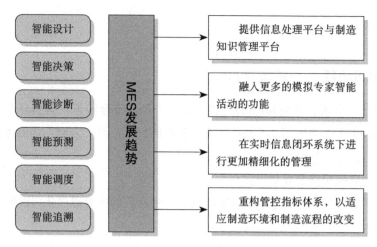

图5-9　MES发展趋势

066　MES通用功能模块清单

MES通用功能模块清单如图5-10所示。

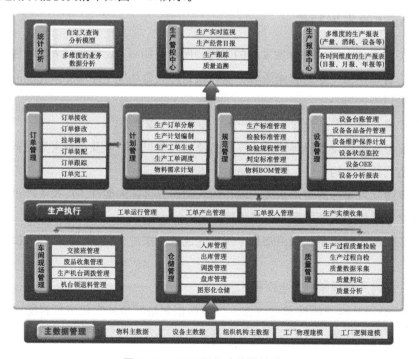

图5-10　MES通用功能模块清单

067 MES总体架构

MES总体架构应表现出高度灵活的可配置性，能适用于准时化生产（Just In Time, JIT）/精益生产，支持个性化和快速变化的生产模式，贯穿整个物流和制造环节，面向工业4.0。MES总体架构如图5-11所示。

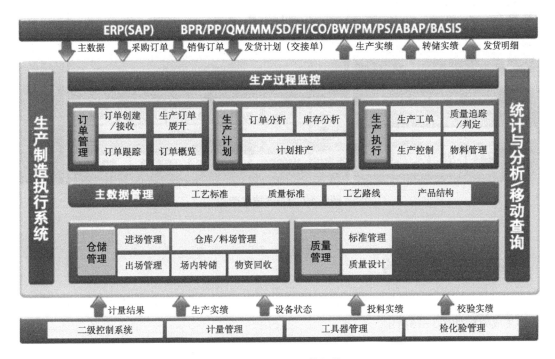

图5-11 MES总体架构

068 MES技术架构

MES技术架构采用SOA耦合应用集成技术，将业务流程管理与工作流程结合起来，搭建企业级的跨系统的工作流整合平台。MES技术架构如图5-12所示。

55

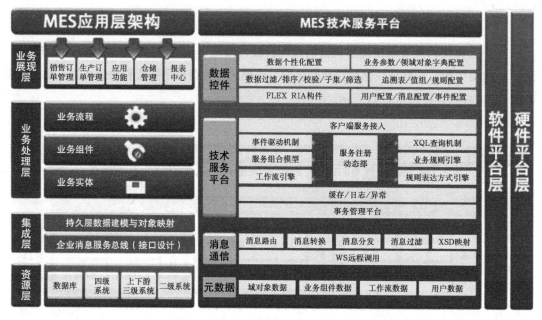

图5-12　MES技术架构

069　MES集成架构

MES集成架构可实现与其他系统无缝对接、整合数据、共享资源，从而消除信息孤岛。MES集成架构如图5-13所示。

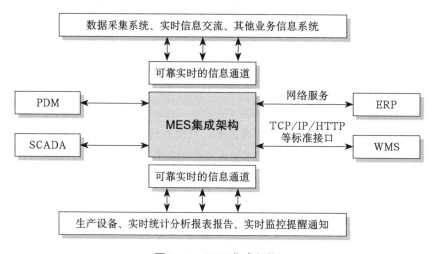

图5-13　MES集成架构

070　MES选型注意事项

企业MES选型需注意的事项体现在以下六个方面。

1．适应性必须强大

MES在不同类型的行业中会有不同的特性，即便在同一行业的不同企业中，因生产组织方式、生产批量和产品订货方式的不同，MES功能也会发生变化。

因此，企业在选型时先要考虑的因素是MES的适应性必须要强大，这样便于企业客户根据自身需求自行配置系统，并协调企业在应用范围、组织结构、用户权限甚至业务流程等方面的变化。正常情况下，MES成熟，它的适应性也会相对比较好，所以企业最好选择具有一定成熟度的MES产品，以确保后期业务的延伸。

2．厂商能力必须过硬

与其他的办公系统不同的是，MES产品的生产过程相当复杂，其研发厂商的性质和开发能力直接决定了MES产品生产品质的优劣。因此，在选型时企业一定要从厂商的管理规范度、工作严谨度以及开发队伍、实施队伍和维护队伍的完整度等方面严格考察。正常情况下，一个能力强、实力过硬的MES开发企业应具备一支专业的队伍，包含系统分析师、系统设计师、软件编程工程师、系统测试工程师、实施顾问以及系统维护人员。

3．产品必须简单易用

MES产品主要是为车间或分厂的现场管理人员所使用，而现场管理人员多为基层生产业务人员，而非IT人员。因此，所开发出来的MES产品必须简单易用，将技术成分屏蔽在后台，最好能够让所有熟悉业务的人员均能操作使用。

4．扩展、集成必须可靠

现在，企业实施信息与自动化系统均为多套系统集成应用，而非单一的一套系统，从制造业早期的财务管理软件、计算机辅助设计（CAD）、OA系统到ERP系统等，企业或多或少应用其中多套软件产品。因此，为消除信息孤岛，MES产品不仅在功能上满足企业近期的需求，还能满足未来发展需求，这就要求MES产品软件必须具备可靠的扩展性和集成性，以便能够与其他系统进行信息整合、数据集成，从而适应企业信息化建设的整体需求。

5．产品升级必须有保障

企业在选型时，必须考虑MES软硬件产品的升级问题。IT技术发展突飞猛进，从开发平台到网络技术均迅速改变，软硬件的更新速度也特别快。那么，能否及时为企业所应用的MES产品升级，而且是在不影响正常工作的前提下平滑升级，是判断MES产品优劣的基本条件之一，也是企业日后持续稳定应用的基本保障。因此，MES产品升级必须要有保障。

6．产品价格体系必须明晰

大型MES产品很难用单一价格来衡量，多数是由一个价格体系构成，分别包括软件产品价格、实施指导价格、客户化价格、二次开发价格、年服务费等。因此，企业在选型时，必须要弄清供应商的价格体系，具体包括哪些项目，要罗列清晰。在MES产品的价格上，各个厂商的数据相对比较明晰，但其他部分的价格则标准不一，如按人/天计费或按人/月计费等。

071　MES实施时应注意的问题

企业实施MES时需注意以下六个方面的问题。

1．弥补知识短板，消除心理障碍

MES是专业交叉极强的综合项目，企业在主导MES项目实施时，必须整合传统的IT人才和工控人才（或设备管理人员），并建立有效的沟通机制，以弥补双方知识短板，规避交流理解方面的偏差，消除心理障碍。

2．消除前期信息化实施中的矛盾

企业实施MES的动力来源于前期信息化项目，尤其是ERP项目。ERP项目侧重资源计划，无法解决信息及时反馈、高级排程等生产管理问题，而MES则是解决这些问题的专业软件。

3．慎重处理MES所涉及的最核心的业务

企业在实施MES时必然会涉及制造企业最核心的业务，即生产，因此可适当采取保守策略，毕竟生产线不容轻易改动。

4．系统庞大，理清功能模块实施先后顺序

MES是一个庞大、复杂的系统，在实施的过程中，企业需要全面理清功能模块与模块之间的逻辑关系、各模块实施的先后顺序以及实施的前提。

5．理清与ERP等系统之间的边界

不成熟的MES产品给很多企业带来了很大的困扰，即分不清MES与ERP等系统之间的边界问题，二者功能有交叉和重叠。因此，企业在实施时必须深入研究各系统内涵与外延，理清系统间的边界。

6．规范MES需求，研究各供应商关注的重点

MES供应商背景、性质不同，其关注的重点也不同，从而给企业MES选型带来困难。因

此，企业在实施MES之前，必须结合生产特点、管理要求，形成规范的MES需求，在此基础上指导实施和应用。

072　MES实施需求分析

企业在实施MES前，必须全面、详细分析自己的需求。

1．结合企业的生产工艺特点，着重阐述生产环节需要监管的重点环节和要求。

2．明确需要实施的项目范围，科学划分近期实现的功能和未来实施的功能，并在高级排程及工厂资源规划未实施前，将生产计划管理和车间人力资源管理、设备管理的相关信息与生产过程的可视化进行集成，另外数据采集应涵盖生产计划管理和车间人力资源管理、设备管理、质量管理等环节的信息。

3．对MES整体的性能提出精细化的要求，即可集成性、可配置性、可适应性、可扩展性和可靠性等要求。

4．分层级细化对相关业务的需求，如在"生产过程可视化"管理中，提出下列需求，即生产控制、抛料率分析、强制制程、看板管理以及预警机制等。只有每个细节功能都实现类似细粒度的需求描述，企业才能在选型过程中有的放矢。

5．解决集成问题，一方面要重点解决好与其他系统之间的集成，尤其是ERP系统的集成；另一方面要解决与设备等集成问题。在解决集成问题的同时，企业还需要明确各系统之间的边界问题。

073　MES实施阶段划分

MES实施阶段划分的整体思路为：在集成的前提下实现可视化，在可视化的基础上实现精细化，在精细化的前提下实现均衡化，这样做的目的在于实现生产过程的可视化，进而实现精细化生产。MES实施阶段的具体内容如图5-14所示。

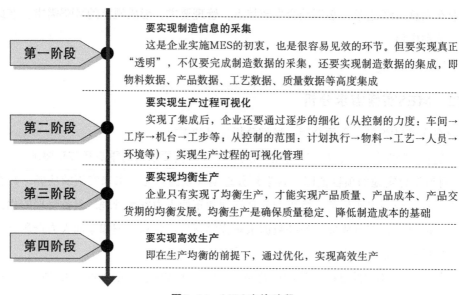

图5-14　MES实施阶段

074　MES实施关键环节

企业实施MES时要把握好以下五大关键环节。

1．详细需求分析

企业进行详细的需求分析，旨在使企业业务需求与实施的系统实现快速衔接，这是关键环节，避免给后期系统实施带来不必要的隐患。

2．需求变更管理

在MES实施过程中，负责人既要确保需求的实现，又要控制好需求的变更，尤其是在系统上线前后，业务部门会提出很多变更需求，此时项目负责人必须坚信的理念是"此时80%以上的需求变更是可以不用响应的"，可以灌输"先固化，再优化""先强力推进应用，即便有问题也要用，同时对业务部门提出的需求进行认真处理"的思想。处理的原则为收集、整理、分类和处理。

3．二次开发管理

企业要想管理好"二次开发"项目，就必须从"源头"进行控制，即规范二次开发的需求分析。

（1）判断是否需要进行二次开发。不需要二次开发，则做好说服工作；需要二次开发，则应该严格按照软件工程的要求，同企业一起界定清楚二次开发的范围及目标，并进行详细的功能描述、开发进度安排、质量体系保证、开发成本及所需资源等。

（2）要加强二次开发过程控制。二次开发的主体既要严格按照项目管理的思路对开发从进度、质量和成本上进行管理与控制；又要按照软件工程的思路做好详细设计、代码开发、功能测试、集成测试等关键环节的工作，保证最终交付的产品经得起用户的考验。

（3）处理好二次开发的验收工作。如果前期环节都执行到位，那么二次开发的验收工作就相对简单，除了要满足双方约定的《二次开发需求报告》外，还要重点做好相关文档、相关代码的存档工作，并做好与之相应的实施、培训工作。

4．上线前策划

MES正式上线前需要接受全面的评估，通过评估可以查漏补缺，确保一次上线成功。通常上线前的评估内容主要包括需求分析、基础数据管理、系统配置与二次开发、系统接口、系统测试以及其他相关项目。

5．项目验收

正常情况下，项目需要在应用1～2个月后再组织验收。验收分为纵、横两方面，纵向代表验收流程，横向代表验收内容，纵横两方面交错进行。

（1）验收流程主要为：生产计划验收→车间作业验收→库管验收→质量管理验收→设备部工作验收→工艺部工作验收。

（2）验收内容主要分为七部分：功能验收（包含二次开发功能）、流程验收、数据及报表验收、接口验收、培训验收、文档验收和其他验收。

验收结果通常包括解决、变通解决和未解决三种情况。对于未能实现的内容，应该根据情况区别对待。

075 MES选型要点

MES选型要点如下。

1．确定MES项目经理人和项目成员

无论是企业选购还是自主研发MES，MES项目团队建设都十分重要。

（1）明确项目经理人。项目经理人必须具备丰富的资历、能力和管理经验，最好由企业高层领导担任，以便在项目中严格实施一把手原则，并在关键环节制定决策，消除部门间各种刁难和分歧，推动项目顺利进行。

（2）确定项目成员。参与MES项目的成员为业务部门和IT部门的相关人员，企业需明确这些人员的权责，并坚持"业务人员提需求，IT人员对需求把控"的原则，避免在项目推进过程中，出现权责不明的情况。

（3）如果企业缺乏有经验的实施人员，可请第三方咨询服务机构介入企业的选型与实施过程中，起到监督促进作用。

2. 梳理选型流程，明确选型需求

"从需求出发"，这是业界对MES选型的共识。企业需要明确观念，不是MES能为企业带来什么，而是企业需要MES带来什么。毕竟MES具有显著的行业特征和个性化特点，在选型时，企业要明确以下要点。

（1）企业想要的是什么。这需要企业基于行业特点，详细分析需求，理顺业务流程，定位生产过程中的短板和瓶颈。

（2）企业要确定短期目标和长远需求，分段实施，避免短期目标与长远需求混为一谈。只有将自身实际生产流程理顺，才能发现问题，并通过 MES 有效解决问题。

对于缺乏成熟解决方案的行业，企业应根据自身生产实情，确定自主研发或者与软件厂商合作进行定制开发。

3. 合理、谨慎选择MES功能模块

MES选型最忌贪多求大，功能越多未必是好事。正常情况下，企业最迫切需求的功能模块包括实施数据采集、生产资源分配与监控、作业计划和排产、过程管理、质量管理等，像员工管理以及绩效管理等人力资源管理功能模块，若没有特殊需求，可放到后期实施。

流程行业中的制造企业可以在MES功能选择上侧重数据采集、产品质量管理、设备维护、质量管理、产品追溯等模块；离散型行业中的企业则侧重生产资源分配和监控、生产调度、作业计划以及排程的模块。

总之，当企业确定实施MES模块时，必须把握好需求与功能的关系，兼顾系统的实用性、适应性、可靠性以及开放性和扩展性，既为当前急需的功能模块做好定位，又为系统后期升级做好准备。

4. 系统数据集成与接口

在企业生产信息管理系统中，MES是计划管理层与底层控制之间的桥梁，对于与ERP以及底层自动化数据的交互要求特别高。虽然底层生产控制系统具备基础的自动化和过程自动化，并形成相对独立的系统，但是将这些独立系统数据集成、信息整合却是至关重要的。

MES处于承上启下的关键位置，并据此发挥重要作用，企业在选择MES时，需根据自身信息化系统应用情况，以及底层自动化设备的应用情况，充分考虑数据接口的问题，使MES能与企业自有的信息系统紧密结合起来，发挥最大的效用。

076　MES选型方法

优秀的MES选型方案是MES整体项目成功的关键因素之一，企业在设计、制定MES选型方案时，需要从自身、MES厂商以及实施顾问等多方面考量，具体内容如下。

1．MES选型方法之企业自身准备工作

正常情况下，企业在进行MES选型之前必须做好如下准备工作。

（1）规划企业自身长期、短期的目标，并做详细定义，这决定着 MES 平台范围和功能的需求。

（2）明确企业希望 MES 带来的效果及目标，即从实情出发，根据自身需求、实施条件、车间管理基础、人员素质、投资能力等方面的情况，科学、合理地制定目标。

（3）全面调研现有市场中 MES 类型及结构，通过厂商、网络、媒体以及行业等多渠道收集资料，选择真正满足自身需求的 MES 产品。

（4）充分考虑 MES 必须与企业现有管理系统集成，与企业特有的工业生产设备紧密结合，同时要对 MES 平台进行深入调研，评估系统语言的兼容性，考量系统集成与可拓展能力。

（5）预算成本和未来可预见的明显与隐形的回馈。

2．MES选型方法之软件供应商条件与实力考量

在MES软件选型过程中，企业必须认真考量MES供应商的实力与能力，具体考察范围包括研发能力、实施能力、项目管理经验、价格体系等，具体内容如图5-15所示。

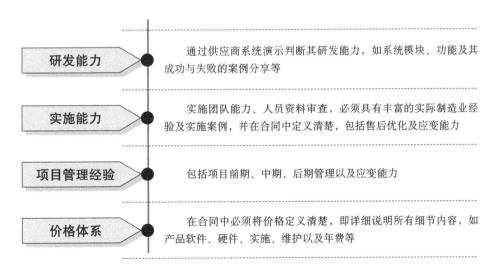

图5-15　软件供应商条件与实力考量

3．MES选型方法之实施顾问能力分析

企业在进行MES选型时，必须全面衡量实施顾问的能力与水平，具体包括以下内容。

（1）项目管理人员的能力

项目管理人员的能力，即人员学历和经历、管理深度及广度要求，最好要求管理人员、实施人员进行实地调研，然后据此要求顾问提出观点及方案。

（2）系统功能要求

MES选型功能要求体现在：基于有限能力的高级计划与排程；完善的产品结构和产品工艺管理；适应现场需要的数据采集；完备的质量管理；生产物料管理；多层次、多视角的监控；完善的报表等功能模块。

（3）其他

在实施MES选型方法时，企业还要综合考察实施顾问的实施能力、应变能力以及制造的专业水平。

第六章 生产计划管理

导读 >>>

生产计划是生产活动开展的基础，若生产计划管理得不合理，生产工作就很难开展。因此，为了顺利开展生产工作，生产经理应充分掌握生产计划管理的步骤和方法。

　　Q先生：A经理，我认为要开展生产工作，应当先制订好生产计划，但是因为我刚刚上任，对如何制订生产计划还不是太清楚，您能给我一些建议吗？

　　A经理：你要先了解订单的类型及审核流程，然后了解计划的不同类型，根据其各自的特点来开展实际计划工作。

　　Q先生：那么该如何进行生产计划安排与协调呢？

　　A经理：你要清楚企业是订单生产型还是计划生产型。它们对生产计划的安排与协调有所不同。同时，你还要注意出货计划与生产计划的协调工作。

第一节 生产订单的审核

077 划分订单审核职责

每一个生产订单都需要企业进行仔细审核，以确认自己是否具有生产能力及交货能力。企业的订单审核往往需要由生产经理作主导，由几个部门来共同完成。各部门的订单审核职责如表6-1所示。

表6-1 各部门的订单审核职责

序号	部门	具体职责
1	销售部	负责所有已经由生产经理、技术部、品质部、仓储部审核并确认交货日期的订购合同的批准工作
2	技术部	确认本企业是否具备该订单生产技术的能力
3	品质部	确认本企业是否具备该订单品质控制的能力
4	仓储部	如果遇到紧急订单时，仓储部将确认紧急订单的物料需求
5	采购部	如果遇到紧急订单时，采购部将确认紧急订单的采购配件需求
6	生产部	负责所有订单和订购合同的审核工作，并确认每一份订购合同的交货日期

078 生产部审核职责划分

在生产部门内部，也要划分审核职责，具体内容如图6-1所示。

生产计划员

具体订单所要求的交货期必须依据企业产能来核定。一般来说，产能计算工作是由生产计划员负责完成的

生产经理

生产计划员核算出产能后，提出交货期，然后交由生产经理审核。若审核通过，则交销售部联系客户

图6-1 生产部审核职责划分

079　了解企业外单

一般来说，客户发出采购订单时，需要将各种要求填写清楚，并询问接单企业是否有接单能力、是否有异议等。下例是某公司收到的产品订单，供读者参考。

【实用案例】

客户（××）向 ×× 公司发来的采购单

订单编号：001
合格供应商：××公司
订购日期：××××年××月××日

编号	名称	规格	单位	数量	需求日期	备注
002	A03 计算机	14寸	台	1000		

说明：	采购经办：	厂商确认：
1. 接到本订单，请尽快确认，并回复本企业 2. 经确认而逾期交货者，本企业有权取消订单 3. 订单号码请务必注明在送货单及发票等资料上 4. 出货请勿超交，若超交超过5%，超交部分本企业将不付款，且不负保管的责任。付款条件依本企业规定 5. 如有任何问题，请与本企业采购人员洽询	＿＿年＿月＿日	＿＿年＿月＿日
	主管核准： ＿＿年＿月＿日	

080　了解企业内单

销售部接到订单后，应立即转化为内单。内单上除了转述客户的各种要求外，还会预留位置给生产部、技术部、品质部等，以让它确认产能、技术、品质能力。下例是某公司的产品生产订单，供读者参考。

【实用案例】

××公司的内单（生产订单）

客户名称	××	产品	计算机
订单编号	002	数量	1000

具体要求：
规格：14寸，A3类
交货日期：××××年××月××日
其他要求：无

生产经理确认：
交货日期：
技术部确认：
品质部确认：
仓储部确认：

081　生产部订单审核流程

生产经理接到销售部提供的正式订单后，审核订单的客户要求，如交货期、质量、技术水平、包装方式等相关信息，并签字确认。

1．交货期确认

客户发来的订单上已经标明交货日期，接下来生产经理则要确认是否能在交货日期前完成生产。下面是交货期的计算公式：

交货期＝原料采购时间（外协）＋生产制造时间＋运送与物流时间＋验收和检查时间＋其他预留时间

2．质量确认

生产经理负责确认质量，确认点为：企业是否可以达到客户所要求的质量标准，如螺纹精度、气压水平、流量是否超过企业的正常发挥水平。如果客户要求超过了企业的质量控制水平，则应该拒绝签字。

3．技术确认

（1）技术部要确认物料清单（Bill of Materials，BOM），如客户要求的产品的各个配件，企业的技术库是否存在，如不存在，是否有开发能力。

68

（2）企业的技术水平是否能够达到客户的要求。

4．新产品确认

有时候，客户所要求的产品可能是新产品，生产经理接到订单后，应确认此款新产品有无编号、BOM等书面及系统数据。如果数据不完整，生产经理则应及时通知技术部与销售部，这时通常会出现以下两种情况。

（1）物料配件具备，但没有整合，技术部则应立即整合产品，并进行物料编号。

（2）技术条件达不到，则告知销售部订单延期或者取消。

5．紧急订单确认

针对紧急订单，生产管理人员应查询企业物料状况，如无法满足交货期，应及时与销售部协商，直至双方对交货期达成一致。

6．包装确认

一般来说，包装是由客户提供的。生产管理员应在接到订单后的三天内催促业务员提供包装物料设计单，七天内提供客户注意事项，以便交采购部设计包装样式。

7．订单包装变更处理

如果出现包装变更的情况，一般来说，需要由负责该客户的销售业务员在15天内将变更申请交到生产管理中心，由生产经理确认签字后交包装设计部执行。

8．订单数量追加处理

如果客户要求增加订货量，生产经理必须仔细斟酌，同时应询问客户是否可以批次出货，或者变更交货期。下例是某公司订单变更的处理，供读者参考。

【实用案例】

××公司订单变更的处理

××公司于1月1日收到客户原订单，具体如下所示。

原订单

订单编号	客户名称	产品	数量	规格	交货期
002001	××	水龙头	100个	A03	2月1日

1月10日该客户追加订货数量，具体如下所示。

追加订单

订单编号	客户名称	产品	数量	规格	交货期
002001	××	水龙头	100个+100个（增加）	A03	2月1日

对此，生产经理提出以下两种方案。

方案一：按原计划在2月1日发出第一批货，在2月20日发出追加的货。

方案二：鉴于A03水龙头还没有上机生产，不知是否可以将两批次的货一起生产，交货期改为2月20日。

082 生产订单取消处理

如果客户提出取消订单的要求，那么生产经理必须处理好两件事情：一是立即通知相关人员取消生产任务；二是会同仓储部商讨库存处置办法。

1. 订单取消通知书

先由销售部门发布"生产订单取消通知书"，然后生产经理通知部门相关人员取消生产任务。

2. 库存处理

处理库存是一个非常棘手的问题，企业可以参考以下要点来处理。

（1）常规物料：保留。

（2）非常规物料采购件：退回供应商。

（3）非常规自制件：变卖或报废。

083 开展订单统计工作

生产经理应安排专门的人员于每月底统计下月交货期，同时按客户和产品类型进行分类，统计出数量或箱数。

1. 按客户类型统计

企业可按客户类型统计订单（见表6-2），这样做的目的是明确交货期，提醒生产管理人员注意交货时间。

表6-2 按客户类型统计订单

编号：   客户名称：   统计日期：____年__月__日

序号	产品	接单日	预交日	数量	箱容	总计数量	总计箱数	备注

制表人：   审核人：

2．按产品类型统计

企业可按产品类型统计订单（见表6-3），这样做的目的是明确生产安排，提醒生产管理人员注意把相同的订单排在一起，避免车间多次换模。

表6-3 按产品类型统计订单

编号：   产品名称：   产品编号：   统计日期：____年__月__日

序号	客户名称	接单日	预交日	数量	箱容	总计数量	总计箱数	备注

制表人：   审核人：

第二节　生产计划的制订

084　生产计划的类别

生产计划依生产时长不同分为大日程计划（长期计划）、中日程计划（中期计划）、小日程计划（短期计划）。因生产类型的不同，各计划的重点也有一定的差别，具体如表6-4所示。

表6-4　企业生产计划类别

序号	计划	具体内容
1	大日程计划（长期计划）	大日程计划通常是一年或更长期的生产预定计划，即预定每年生产的品种与生产量的计划。该计划虽因销售的变更、调整，多少会有不适宜的地方，但原则上还是要由经营者或高层主管制订
2	中日程计划（中期计划）	中日程计划通常是3～6个月的计划，即决定月份生产产品的种类和数量的计划。在中日程计划中，生产数量及交货日期已确定，开工日期和物料需求也基本确定
3	小日程计划（短期计划）	小日程计划是依据中日程计划来展开的，是将具体生产任务分配给作业场所和作业者，并规定开工与完工日期的计划。计划中应明确由谁做、做多少、何时开始、何时完成，以及使用什么机械等。小日程计划的执行主体是基层作业部门／作业者

085　生产计划的制订依据

生产计划的制订依据如表6-5所示。

表6-5　生产计划的制订依据

序号	依据类别	具体内容	备注
1	作业计划	（1）作业及加工的场所（成本部门） （2）作业及加工的种类、顺序（制程系列） （3）标准工时等	每逢变化时，应予修正并维持
2	制程计划、余力计划	（1）作业及加工制程别的能力基准（保有工时，每小时产能） （2）作业及加工制程别的负荷基准（负荷工时）	
3	日程计划	（1）基准日程表 （2）加工及装配批量（大、小）	
4	物料计划及零件（半成品）计划	（1）零件构成表及零件表 （2）安排区分、供给区分 （3）批量大小、产出率	
5	库存计划	（1）库存管理区分 （2）订购周期 （3）订购点、订购量 （4）安全库存、最低库存、最高库存	

086 制订计划生产型计划

制订计划生产型计划的主要步骤如图6-2所示。

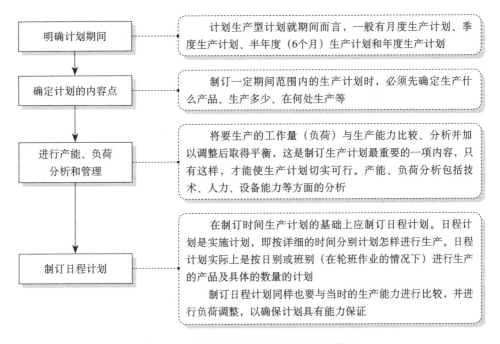

图6-2 制订计划生产型计划的主要步骤

087 确定计划生产量

企业可通过以下两个方面来确定计划生产量。

1．计算公式

企业可通过以下公式来确定计划生产量。

计划生产量=该期间销售计划量+期末产品库存计划量+期初产品库存量

其中，

该期间销售计划量：以市场需求预测为基础，在考虑相关影响因素（包括部门意志）的前提下所计划的量。

期末产品库存计划量：为下期的需要而预先准备的量。

期初产品库存量：在此期间以前，已经存在的库存量。

2．确定要点

以上对计划生产量的计算既适用于周期计划，也适用于月份计划。

生产计划的制订往往是先拟周期计划和月份计划，再拟日程计划，也就是说，日程计划是在月份计划的基础上制订的，而月份计划则是在周期计划的基础上制订的。

088　分析生产能力

分析生产能力是生产经理制订生产计划的重要步骤，具体内容如下。

1．要生产哪些产品？生产期限是多久？生产进度如何？

2．生产这些产品需要哪些物料？每种物料需要多少（按定额和合理损耗来推算）？如何保证这些物料的及时供应？

3．生产这些产品对技术有什么要求？目前的技术水平能否满足需要？如果不能，如何解决？

4．生产这些产品需要使用哪些设备？需要的数量是多少？

5．生产这些产品需要多少人力？现有多少人力？这些人力够不够？如果不够，差多少？怎样解决缺的这部分人力？是重新组织，还是补充？

089　分析生产技术能力

生产经理可通过制定表格、设定相关栏目来进行生产技术能力分析，具体内容如表6-6所示。

表6-6　技术能力分析表

产品名称	工序	各工序技术力量要求		企业现有技术力量		技术力量差距		解决方法
		人数	水平	人数	水平	人数	水平	
产品A								

(续表)

产品名称	工序	各工序技术力量要求		企业现有技术力量		技术力量差距		解决方法
		人数	水平	人数	水平	人数	水平	
产品B								
产品C								
合计			—		—		—	

090 分析生产人员负荷

企业可通过以下方法来分析生产人员负荷。

1. 计算人员需求

生产经理可以依据生产计划，针对各种产品的数量和作业标准时间，计算出生产每种产品所需的人力，然后将各种产品所需的人力加总得到人员总需求，具体计算可运用人员需求计算表来进行。××公司生产人员需求计算表如下。

【实用案例】

×× 公司生产人员需求计算表

编号：_____   日期：___年_月_日

项目	A产品	B产品	C产品	D产品	E产品	F产品	G产品	H产品	I产品	J产品	合计
①标准工时											
②计划产量											
③标准总工时											
④每人每月工时											
⑤人员宽裕率											
⑥所需人数											

制表人：   审核人：

注：③＝②×①；

④＝每人每月工作天数×每人每天工作时数；

⑤表示必要的机动人数，以备缺员时调剂，一般可定为10％～15％；

⑥＝③÷④×（1+⑤）。

　　假设计划生产标准总工时为20 000小时，工人每月的工作天数为22天，每天的工作时间为8小时，人员宽裕率为10％，则人员需求计算如下：人员需求=计划生产标准总工时÷（每人每月工作天数×每人每天工作时数）×（1+宽裕率）=20 000÷（22×8）×（1+10％）=125（人），假如现有人员98人，则还需要补充27人才能满足生产计划。

　　2．估量生产人员负荷

　　生产经理可以根据人员需求计算表来估计生产人员的负荷。

　　3．解决人员不足的方法

　　解决人员不足的方法有两种：一是调整负荷，延长工作时间；二是向人力资源部申请补充人员。人员补充申请表如表6-7所示。

表6-7　人员补充申请表

编号：　　　　　　　　　　　　　　　　　　　　　　　　　　　日期：＿＿＿年＿月＿日

项目部门	补充人数	要求					到位时间	补充理由	补充工序或岗位
		学历	资质	经验	视力	其他			
合计		—	—	—	—	—		—	

制表人：　　　　　　　　　　　　　　　　审核人：

091 分析生产设备负荷

企业可以通过以下两个方面分析生产设备负荷。

1. 将所需设备进行分类

生产经理应根据生产计划，分析完成计划任务需要的设备，如车床、冲压机、注塑机、焊接机、电镀设备等。

2. 设备负荷应对策略

经分析得出设备负荷不足或剩余时，生产经理必须积极寻求应对之策，具体的解决方法如表6-8所示。

表6-8　设备负荷应对策略

调整做法	设备不足	设备剩余
增减设备	增加设备	减少设备
外包	部分工作外包	外包收回
使用工时	加班或轮班	减少加班或轮班
临时工	增加临时工	减少临时工
开机率	增加开机率	减少开机率

092 制订库存补充方式生产计划

有些企业，部分产品品种多、需求量不大，在这种情况下，生产经理应设定库存的基准，以此作为参考标准。当库存变少时，应立即安排生产以补充库存量，这种方式称为库存补充生产。

1. 制订计划的方法

(1) 运用 ABC 分析法，将产品品种按数量的多少进行排序，确定量大及量小的品种。

(2) 量大的品种，以销售计划为基础制订生产计划。

(3) 量小但品种多的产品，则设定库存基准，依基准决定须补充的库存量。

(4) 库存量一旦低于基准值则安排生产。在这种情形下，由于低于基准值的时期是不定的，所以生产经理应及时、准确地把握库存状况。

2．负荷与产能的调整

库存补充生产时，生产经理首先要考虑的是补充的数量与生产能力的平衡。生产经理要想很好地运用库存补充量，就必须确定适当的安全库存量，这需要与仓库进行协商确定，同时应进行以下负荷产能的调整。

（1）必须补充的量（负荷）大于生产能力时，应将低于基准量的少数品种同销售部协商，把适当的品种转至下次补充生产；减少某些限定品种的补充量。

（2）必须补充的量（负荷）小于生产能力时，可以将已接近基准值的适当的品种挑出来，同销售部门协商作为本次补充生产；适当增加必须补充生产的量。

093 了解订单型生产的特点

订单型生产的特点如下。

1．订单型生产是指按照客户的订单展开设计生产的一种生产类型，其工作的性质依客户要求的品种、规格、交货期和价格而定。

2．对于订单型生产，通常客户对交货期的要求较严格，且每次下的订单同以前完全一样的产品不多，虽非完全是新产品，但都可能有新的设计，如大小、尺寸、形状等会有所改变。

3．对于订单型生产，由于每次下的订单都可能会有所变化，所以主要生产原辅料的购置都在接单后才能展开，这导致采购的前置时间往往较长。

4．对于订单型生产，订单量时多时少，工作负荷变动大。当订单量大时，企业大多会选择外包。

尽管是订单型生产，每笔订单产品的品种、规格等都可能有所变动，但就一家企业而言，其产品机能基本一致，不同规格（型号）的产品间总是有一些共同性的元件（零配件）。对这些共同性的元件（零配件）可采取计划方式组织生产，即在接到订单后，按订单要求加以组合形成客户所要的产品，以缩短生产周期，这样的生产模式就是混合型生产。

094 制订订单型生产计划

为使生产日程计划的安排与实施具有可行性，生产经理必须根据订单需要制订各项生产计划。订单型生产计划要点如图6-3所示。

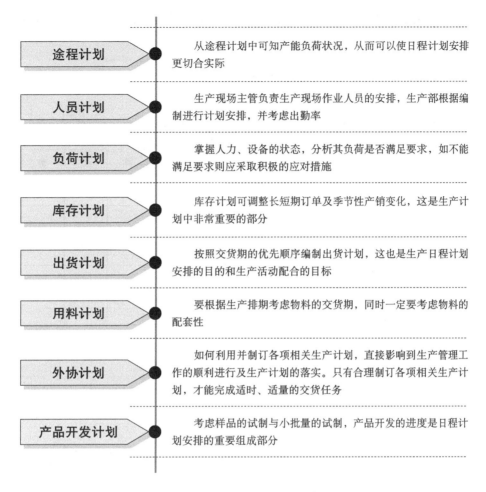

图6-3 订单型生产计划要点

订单型生产常采用以下几种计划方式，生产经理要根据具体需求及企业能力而定。

1．3～6个月生产计划

（1）计划内容：各月份、各规格／机种及销售部的生产数量、批量。

（2）制订计划的依据：订货记录、成品库存政策、各种产品月生产数量。

（3）注意事项：紧急订单必须规定生产计划方式；每月至少修订一次计划。

2．月度生产计划

（1）计划内容：当月各规格（机种）生产数量、生产日期及生产部门。

（2）制订计划的依据：3～6个月生产计划、订货记录、紧急订单、成品库存政策、当月各种产品的生产数量及生产日期。

（3）注意事项：依据上月、本月、下月的生产计划，考虑人力、物料、机械等各项生产资源的配合。生产月计划表样例如表6-9所示。

表6-9　生产月计划表

编号：　　　　　　　　　　　　　　　　　　　　　　　　日期：＿＿年＿月＿日

生产批次	指令单号	品名	数量	金额	制造部门	生产日程		工时	成本			
						起	止		料	工	费	合计

制表人：　　　　　　　　审批人：　　　　　　　　复核人：

3．周生产计划

周生产计划是在"月度生产计划"或"紧急订单"的基础上制订的。生产周计划表如表6-10所示。

表6-10　生产周计划表

编号：　　　　　　　　　　　　　　　　　　　　　　　　日期：＿＿年＿月＿日

序号	生产批次	指令单号	品名	计划生产数	计划日程（星期）							备注
					一	二	三	四	五	六	日	

制表人：　　　　　　　　审批人：　　　　　　　　复核人：

第三节　生产计划的安排与协调

095　订单生产型企业日程安排

订单生产型企业因为已经确定了交货日期，所以可以采用"倒推法"安排日程。倒推程序如图6-4所示。

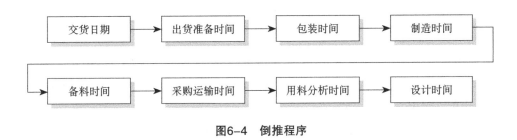

图6-4　倒推程序

096　计划生产型企业日程安排

计划生产型企业的日程安排要相对灵活，当某一个环节出现一些小问题时，也不会对大局造成太大的影响。

计划生产型企业始终要保持一定的库存即最低库存；但也不能储存过多，否则会造成积压，使资金周转困难，因此也要确定一个最高库存。

097　协调月出货计划与月生产计划

限于物料、人力、机器等各种因素的影响，销售部门的月出货计划与生产部门的月生产计划往往不可能完全一致，生产部门可以根据人力负荷、机器负荷、物料进度、工艺、环境等因素对计划进行适当的调整与安排，最大限度地使生产计划既能满足生产的需求，又能符合客户的要求。

企业可参考如下内容协调月出货计划与月生产计划。

1．出哪些订单：当订单数量超过生产能力时，可根据轻重缓急协调出哪些订单。

2．出哪些客户的订货：哪些是重点客户，哪些是一般客户，哪些客户可以协调。

3．出哪些产品：纵观全局，哪些产品能为企业带来最大的效益。

4．产品的数量：生产多少产品对于企业来说最为有利。

5．根据以往的情况，保留适当的时间余地，以应对紧急加单的情况。

098　协调周出货计划与周生产计划

周生产计划一般是生产的具体执行计划，其准确性较高，否则无充裕的时间进行修正和调整。周生产计划应在月生产计划和周出货计划的基础上进行充分协调，这时生产经理应考虑以下因素。

1．人力负荷是否能够充分支持，若不能的话，采用加班、倒班的方式是否可以解决。

2．机器设备是否准备就绪，其产能是否能够达到预定产能；若人力或机器无法达到，发外包是否可以解决。

3．物料是否已到位，若物料未到位，是否有把握在规定的时间到位。

4．工艺流程是否有问题，如有问题，能否在规定时间内解决。

5．环境是否达到生产部的要求。

第四节　生产计划的变更

099　生产计划的变更时机

生产计划的变更时机主要有以下几种情况。

1．客户要求追加或减少订单数量时。

2．客户要求取消订单时。

3．客户要求变更交货期时。

4．客户有其他要求导致生产计划必须调整时。

5．因生产进度延迟导致可能影响交货期时。

6．因物料短缺导致停工时间较长时。

7．因技术问题延误生产时。

8．因品质问题尚未解决而需延长生产时间时。

9．因其他因素必须做生产计划调整时。

100　生产计划的变更步骤

生产计划一旦发生变更，生产经理就需及时加以修改和调整，以避免因信息延误而造成生产量波动。生产计划变更的步骤如图6−5所示。

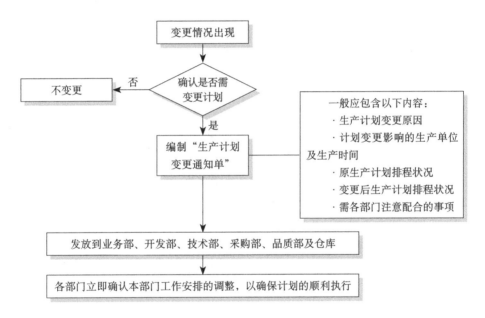

图6−5　生产计划的变更步骤

101　生产计划的变更注意事项

生产计划的变更注意事项如下。

1．生产经理在遇到生产变更情况，经确认必须变更生产计划时，应发出"生产计划变更通知单"，具体如表6−11所示。

表6-11 生产计划变更通知单

编号：   日期：___年__月__日

客户	订单编号	客户编号	车间编号	产品规格	数量	交货期
变更事项						
变更原因						
生产确认						
销售确认						

核准人：   审核人：   生产经理：

2．如生产计划变更涉及范围较大时，生产经理应召集开发部、采购部、品质部、销售部或其他相关部门进行确认。

3．如生产计划变更后，新计划较旧计划有较大变化时，生产部应在"生产计划变更通知单"后附上新的周生产计划。

4．"生产计划变更通知单"及其附件除生产经理自存外，企业还应按照生产计划的发放要求，将该通知单发放到销售部、开发部、技术部、品质部、采购部等部门。

5．各部门接到"生产计划变更通知单"后，应立即确认本部门工作安排的调整，以确保计划的顺利执行。

102　订单频繁变更的处理

由于各种原因的产生，如客户取消订单，修改订单数量、交货期和单价，或企业已停止生产该订单的产品等，企业需要对原客户订单的相关内容进行变更。变更流程主要包括订单变更信息收集和订单变更需求资料整理等。

1．订单变更信息收集

订单变更多由客户通过电话、传真、电子邮件等方式，向销售部经理提出订单变更要求或投诉。

2．订单变更需求资料整理

客户订单变更包括交货期变更、产品变更、价格变更、产品数量变更、付款方式变更和工艺技术变更等情况。

103　处理插单与急单

在具体的生产活动中，常常会出现插单与急单，这样很容易打乱整个生产计划，严重影响整体生产进度。插单与急单的处理方法如下。

1．首先向客户及业务部门解释和通报生产状况，以求取得谅解。

2．对于必须接下的急单（如大单、重要客户订单），要及时与仓库、采购部就物料供应问题达成一致，以保证物料供应及时。

3．应组织所属各车间、班组开会讨论，进行生产动员，鼓舞士气。

4．组织有关人员详细规划生产细节，生产时做到有条不紊。

5．主动与仓库、采购、品管、工艺等部门沟通，取得支持与配合。

6．进行必要的人员、设备、场地和工具调整。

7．进行工艺指导和员工技术培训。

8．及时进行工作时间的调整，适时采用轮班制。

9．进行总体工作分析，并通过优化生产组合与计划组合，发现剩余生产空间。

10．合理进行设备、物料、人员的再分配，以达到最佳效果。

11．对于本车间、班组无法解决的困难，要及时上报以取得支持。

12．加强人员重组与调动的管理，掌握工作主动权。

13．合理使用奖罚，强化执行力度。

104　突发情况应急处理

生产过程中突发情况应急处理的内容主要包括客户情况变动和生产过程受阻两个部分。

1．客户情况变动

销售部根据市场需要或合同要求，常常用"企业业务联络单"（见表6-12）通知生产经理，生产经理据此修改生产计划并下发"单项产品生产通知单"。

表6-12 企业业务联络单

编号：   日期：____年__月__日

主题			发文部门	
发文日期		发文字号	批示	
发文意图	□ 联络　　□ 通知事项　　□ 征集意见			
联络内容： 经办人：				
回复： 主管：				

制表人：   审核人：

2. 生产过程受阻

因客观原因（如供应中断、劳动力短缺、关键设备故障等）影响生产进度时，生产经理必须马上到仓库检查库存情况；当库存不能保证及时供应时，须及时向销售部报告，并与客户进行沟通与协商。

第七章　生产作业管理

导读 >>>

　　企业都希望各车间、各班组可以按计划完成所有工作内容，但在实际的生产活动中却经常出现生产延误、到期无法交货或生产脱节的情况。因此，生产经理应进行生产作业管理，并实施生产作业进度控制，使生产活动顺利进行。

　　　　Q先生：A经理，今天销售部经理又在埋怨，说生产部的产品生产不出来，不能按期给客户交货。

　　　　A经理：你的问题应该出在生产作业方面。生产作业管理是在生产作业计划执行过程中，对有关产品生产的数量和进度进行控制。其主要目的是保证完成生产作业计划所规定的产品产量和交货期限指标。

　　　　Q先生：嗯，问题应该出在这儿，那我该怎么做才好呢？我有点茫然。

　　　　A经理：首先，你要在生产派工方面多加研究，合理安排各车间、各工序的作业顺序和进度；其次，你要运用各种方法，及早发现生产异常并及时处理；最后，你要对生产日报表加以分析，找出生产延迟的原因和生产瓶颈，并想办法加以消除。另外，不要为了保证产量和时间而过多或过早生产，因为过多或过早生产也是一种浪费。

第一节 生产派工

105 了解常用的生产派工方法

由于车间、工段的生产类型不同，因而企业生产派工的方式也各不相同，但通常包括标准派工法、定期派工法和临时派工法三种。

1．标准派工法

（1）适用范围

在大批量生产的工段、班组中，单个车间和单个员工执行的工序比较少，而且是固定重复的。在这种情况下，生产派工可以通过编制标准计划的方式来实现。

（2）标准计划

标准计划又称标准指标图表，它是把制品在各个车间上加工的次序、期限和数量等全部制成标准并固定下来，即把派工工作标准化。

2．定期派工法

这种方法适用于成批生产和比较稳定的单件小批生产的车间，目的是在较短的时期内（旬、周、日等）为每个车间分派工作任务。生产经理使用这种派工方法时应注意如下问题。

（1）派工时，要理清重点，分清轻重缓急。

（2）既要保证关键零件的加工进度，又要注意关键设备的充分负荷。

（3）要根据设备的特点和操作员工的技术特长进行工作分派。

3．临时派工法

这种方法适用于单件小批生产的车间。这类车间担负的制品和工序很杂，干扰因素较多，因此多采用临时派工法。这种方法的特点是根据生产任务和工作准备的情况及各车间的负荷情况，随时把任务下达给各车间。生产经理采用这种方法时，要随时了解各个车间的任务分配情况、准备情况和工作进度。

106 使用生产派工单

生产作业准备工作做好以后，生产经理根据安排好的作业顺序和进度，将生产作业任务派发给各个生产员工。生产经理进行生产派工的主要方式是使用生产派工单（又称工票或作业传票，见表7-1）。生产经理应该选择符合企业生产特点的派工单，建立健全派工单的运行机制，并督促员工认真执行。

表7-1 生产派工单

时间：

订单号		产品名称	
派工数量		规格	
生产要求：			
品质要求：			

制表人：　　　　　　　　　　　　审核人：

107 使用生产指令单

生产指令单（见表7-2）也是生产中常用的一种单据，通常为一式六联，具体内容如下。

第一联：备料单，仓库据此准备材料。

第二联：领料单，作为向仓库领料的依据。

第三联：品检单，完成产品生产且移入下道工序前由品检员做检验，检验合格后盖章（含第四、第五、第六联）。

第四联：入库单（或交接单），依此联入库或办理工序之间的交接。

第五联：制造命令单，此联由生产部完成并存档。

第六联：生产管理联，在产品入库或交接后将此联交生产经理，作为进度完成的依据。

表7-2 生产指令单

指令日期：　　　　　　　　　　　　　　　　　指令部门：
指令单编号：

制单编号		品名		数量	
客户		原订单编号		交货期	

（续表）

投产日期		完成日期		实际完成日期	
用料分析					
材料名称					
领用量					
品质检验					

制表人：　　　　　　　　　　　　审核人：

108　使用加工路线单

加工路线单又称长票、跟单、工件移动单等，具体如表7-3所示。加工路线单以零部件为单位综合地发布指令，指导作业人员根据既定的工艺路线进行加工。加工路线单跟随零件一起转移，各道工序共用一张生产指令。

表7-3　加工路线单

产品：　　　　　　　卡片编号：　　　　　　　　　　　填发日期：＿＿年＿月＿日

件号	零件名称	每台件数	计划投入数			实际投入数		
			件	台	累计	件	台	累计

日期		工序		机床号	工作者收到		检查结果				检查员签章
月	日	序号	名称		数量	签章	合格	返修	工废	料废	

合格入库数	检查员签章	仓库盖章	入库日期	备注
			＿＿年＿月＿日	

制表人：　　　　　　　　　　　　审核人：

加工路线单的优点是有利于控制在制品的流转，加强上下工序的衔接，缺点是一票跟到底，周转环节多，时间长，容易丢失，不方便及时掌握情况。这种派工单适用于生产批量小的零件，或虽然批量大，但工序少、生产周期短的零件。

109　使用单工序工票

单工序工票又称短票、工序票等。单工序工票以工序为单位，一序一票，具体如表7-4所示。单工序工票的优点是周转时间短、使用比较灵活，可以像使用卡片那样按不同要求进行分组、汇总和分析。其缺点是一序一票，工作量较大。对于批量大的零件的生产，使用这种派工单比较合适。

表7-4　单工序工票

机床号：　　　　　　　票号：　　　　　　　　　　日期：＿＿年＿月＿日

产品编号	件号	件名	序号	序名	单件定额	每台件数	投入件数	
							当批	累计

日期	班次	工作者姓名	加工时间			完成		检查结果						备注
			起	止	工时	件数	工时定额	合格	回用	退修	工废	料废	签单	

制表人：　　　　　　　　　　　　审核人：

生产组长：　　　　　　　　　　　计划调度员：

110　使用传票卡

为了保证各工序间的衔接，生产经理可以将传票卡作为辅助工具。传票卡是一张张的卡片，生产经理应预先填好制品的名称、材质、重量、加工地点、运送地点、工位器具及容量等项目。每张传票卡固定代表一定数量的制品，如一张一件或一张十件等。所有传票卡必须随同实物一起流转。

第二节 处理生产异常

111 生产异常情况

现场生产异常情况一般包括以下内容，具体如图7-1所示。

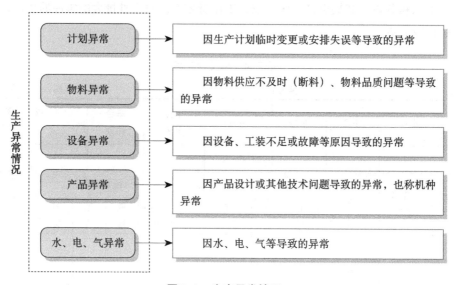

图7-1 生产异常情况

112 生产异常情况处理

生产异常情况处理的具体内容如下。

1. 生产计划异常处理

生产计划异常处理的内容如下。

（1）根据调整的计划，做出迅速、合理的工作安排，保证生产效率，使总产量保持不变。

（2）安排因计划调整而余留的成品、半成品、原物料的盘点、入库、清退等处理工作。

（3）安排因计划调整而闲置的人员做前加工或原产品生产等工作。

（4）安排人员以最快的速度做计划更换的物料、设备等准备工作。

（5）利用计划调整的时间做必要的教育培训。

（6）其他有利于效率提高或减少损失的做法。

2．生产物料异常处理

生产物料异常处理的内容如下。

（1）接到生产计划后，生产经理应立即确认物料状况，查验有无短缺。

（2）随时对各种物料的信息情况进行掌控，并反馈给相关部门以避免异常的发生。

（3）物料即将告缺前，用警示灯、电话或书面形式将物料信息情况汇报给采购、资材等有关部门。

（4）物料告缺前确认物料何时可以续上。

（5）如物料属短暂断料，可安排闲置人员做前加工、整理整顿或其他工作。

（6）如物料断料时间较长，可安排人员做教育培训或对计划进行变更，安排生产其他产品。

3．生产设备异常处理

生产设备异常处理的内容如下。

（1）做好日常设备保养工作，避免设备异常的发生。

（2）发生设备异常时，应立即通知技术部门并协助维修。

（3）安排闲置人员做整理整顿或前加工工作。

（4）如设备故障不易清除、需花费较长时间时，应另作安排。

4．制程品质异常处理

制程品质异常处理的内容如下。

（1）对有品质不良记录的产品，应在生产前做好重点管理。

（2）异常发生时，迅速用警示灯、电话或其他方式通知品质部及相关部门。

（3）协助品质部一起研讨对策。

（4）配合临时对策的实施，以确保生产任务的达成。

（5）对策实施前，可安排闲置人员做前加工或整理整顿工作。

（6）暂时无法排除异常时，应作生产计划变更。

5．水电异常状况处理

水电异常状况处理的内容如下。

（1）迅速采取降低损失的措施。

（2）迅速通知技术部门进行处理。

（3）作业人员可做其他工作安排。

113　出具生产异常情况报告

发生生产异常，即有异常工时产生，生产经理应在异常事件发生后及时填具"生产异常报告表"（见表7-5），其内容一般包含以下项目。

1．生产批号：填具发生异常时正在生产的产品的生产批号或制造命令号。

2．生产产品：填具发生异常时正在生产的产品的名称、规格和型号。

3．异常发生单位：填具发生异常的制造单位名称。

4．发生日期：填具发生异常的日期。

5．起讫时间：填具发生异常的起始时间和结束时间。

6．异常描述：填具发生异常的详细情况，尽量用量化的数据或具体的事实来陈述。

7．停工人数、影响度、异常工时：分别填具受异常影响而停工的人数，因异常而导致时间损失的影响度，并据此计算异常工时。

8．临时对策：由发生异常的部门填具应对异常的临时应急措施。

9．填表单位：由发生异常的部门经办人员及主管签核。

10．责任单位对策（根本对策）：由责任单位填具对异常的处理对策。

表7-5　生产异常报告表

编号：　　　　　　　　　　　　　　　　　　　　　　　　　　日期：＿＿年＿月＿日

生产批号		生产产品		异常发生部门	
发生日期		起讫时间		自＿＿时＿＿分至＿＿时＿＿分	
异常描述					
停工人数		影响度		异常工时	
临时对策					
填表部门	主管：		审核人：		填表人：
责任部门分析对策					
责任部门	主管：		审核人：		填表人：
会签					

114　使用异常报告表

异常报告表的使用程序如下。

1．异常发生时，应立即通知技术部门或相关责任单位加以处理，并报告直属上级。

2．生产部门会同技术部门、责任单位采取临时应急对策，以降低影响。

3．异常排除后，生产部门应填具"生产异常报告表"（一式四联）并转交责任部门。

4．责任部门填具异常处理的根本对策，以防止异常重复发生，并将"生产异常报告表"的第四联自存，其余三联返给生产部门。

5．生产部门接到责任部门的异常报告表后，将第三联自存，将第一联转交财务部门，将第二联转交主管部门。

6．财务部门应妥善保存异常报告表，作为向责任供应商索赔的依据及制造费用统计的凭证。

7．主管部门应妥善保存异常报告表，作为生产进度管制控制点，并为生产计划的调度提供参考。

8．生产部门应对责任部门的执行情况进行追踪。

115　核算生产异常工时

生产异常工时核算的内容如下。

1．当所发生的异常导致生产现场部分或全部人员完全停工等待时，异常工时的影响度以100%计算（或可依据不同的状况规定影响度）。

2．当所发生的异常导致生产现场需增加人力投入来排除异常现象（采取临时对策）时，异常工时的影响度以实际增加投入的工时为准。

3．当所发生的异常导致生产现场的作业速度放慢（可能同时增加人力投入）时，异常工时的影响度以实际影响比例计算。

4．异常损失工时不足10分钟时，只做口头报告或填写"生产日报表"，不另行填具"生产异常报告表"。

116　判定生产异常责任

企业应制定相关规定，对异常发生的部门及人员进行处理，具体责任判定可参考表7-6。生产经理应明确本部门在生产异常事件中的责任，并在日常工作中注意避免异常的发生。

表7-6 异常发生责任判定表

异常发生原因	责任部门	备注
1. 未及时确认零件样品 2. 设计错误或疏忽 3. 设计延迟 4. 设计临时变更 5. 设计资料未及时准备 6. 其他因设计开发原因导致的异常	开发部	
7. 生产计划日程安排错误 8. 临时变更生产安排 9. 物料进货计划错误，造成物料断料而停工 10. 生产计划变更，未及时通知相关部门 11. 未下制造命令 12. 其他因生产安排、物料计划而导致的异常	生产部	
13. 采购下单太迟，导致断料 14. 进料不全，导致缺料 15. 进料品质不合格 16. 供应商未供货或供错物料 17. 未下单采购 18. 其他因采购业务疏忽所导致的异常	采购部	
19. 料账错误 20. 备料不全 21. 物料查找时间太长 22. 未及时点收供应商进料 23. 物料发放错误 24. 其他因仓库工作疏忽所导致的异常	仓库	
25. 工艺流程或作业标准不合理 26. 技术变更失误 27. 设备保养不力 28. 设备发生故障后未及时修复 29. 工装夹具设计不合理 30. 其他因技术部工作疏忽所导致的异常	技术部	
31. 检验标准、规范错误 32. 进料检验合格，但实际上不良率明显超过AQL标准 33. 进料检验延迟 34. 上工程品管检验合格的物料在下工程出现较高的不良率 35. 制程品管未及时发现品质异常（如代用错误、未依规定作业等） 36. 其他因品管工作疏忽所导致的异常	品质部	

（续表）

异常发生原因	责任部门	备注
37. 紧急插单所致 38. 客户订单变更（含取消），未及时通知 39. 订单重复发布、漏发布或错误发布 40. 客户有特殊要求未事先通知 41. 船期变更未及时说明 42. 其他因业务工作疏忽所导致的异常	销售部	
43. 交货延迟 44. 进货品质严重不良 45. 数量不符 46. 送错物料 47. 其他因供应商原因所导致的异常	供应商	供应商所导致的责任除考核采购部、品质部等内部责任部门外，对供应商也应酌情予以索赔

117　应对生产现场停工

在企业的生产现场，常出现如下情况。

一组流水线在完成前一个生产任务后，接着又开始另一个生产任务。在换料的过程中，有的流水线上会出现空无一人的现象。比较敬业的员工会去找生产经理要生产任务，接着到仓库申请物料，而比较懒散的员工则会趁机偷闲。

针对以上现象，生产经理应采取提前备料的办法，即在一项生产任务将要结束之前，便将下一任务的物料备好并送到流水线上，如此可解决停工问题。

备料信息来源有三种，具体如表7-7所示。

表7-7　备料信息来源

序号	内容	具体说明
1	生产出货排程计划	例如，某装配车间有一个需要在当月25日出货的订单，而装配车间完成此订单任务需要一天时间，如果你是生产经理，必须在当月23日做好该订单的生产备料
2	生产命令	主要针对一些临时插单或者紧急订单，由于生产排程没有这些信息，需要企业下达生产任务命令
3	车间申请	例如，某项产品报废太多，需要仓库及时补发物料，此时车间会向仓库提出备料申请

118 应对生产现场抢工

企业为了调动员工的积极性，常采用计件的绩效管理方式。员工为了获得更高的绩效，往往抢着领取生产原料，此时简单易做而收益高的产品往往被一抢而空，而有一定难度且效益低的产品则常常被冷落。结果导致需要生产的产品没有生产，而不太急需的产品则大量积压。为此，生产经理要做出合理安排，预防生产现场出现抢工现象。

1．安排现场生产小组

安排现场生产小组的作用如下。

（1）确保生产在控制范围内进行，避免出现生产无序的状况。

（2）有利于掌握生产进度。

（3）有利于现场管理。

（4）有利于降低企业成本，提高生产效率。

生产经理进行小组生产分派时必须参考生产日程计划，以据此分解小组生产计划，并落实生产任务分派，具体分派步骤如图7-2所示。

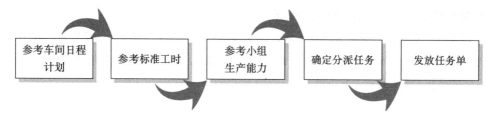

图7-2　任务分派步骤

2．小组生产分派注意事项

生产经理在对小组进行生产分派时，必须注意表7-8所示的事项。

表7-8　小组生产分派注意事项

序号	事项	具体内容
1	公平、公正	在分派任务时，不能任人唯亲。例如，A组与车间主管关系好，于是车间主任便将简单易做的生产任务交给A组。这种违背公平原则的做法不仅会导致员工对车间管理的非议，还会影响生产现场的管理秩序
2	技术优先	优先把生产任务分配给完全有能力完成这项任务的人
3	标准时间	用标准时间来核算产品生产所需要的时间，从而按生产耗用时间来分配任务

（续表）

序号	事项	具体内容
4	按交货日期的先后顺序	分派生产任务时，按照交货期的先后顺序分配生产任务，非特殊情况，不能提前安排生产后出货的产品
5	产品集中	如果两个订单的产品出货时间仅相差一两天，且出货产品相同，那么可以将两个订单的产品集中在一起生产，以减少换料的损失
6	注意客户优先级	在众多的客户中，有优先之分。对重要的客户应做重点安排
7	注意瓶颈	对机器负荷大的工序要予以注意，避免出现停产现象
8	工序原则	工序越多，生产所需时间就越长，因此在时间上要加以注意

119　了解生产现场返工原因

在生产现场，常常会出现返工的现象，有时甚至大批量地返工，而返工的原因多种多样。例如，员工的操作水平不到位；员工不了解相关标准等。生产现场返工的原因如表7-9所示。

表7-9　生产现场返工的原因

序号	生产环节	不良原因分析
1	设计品质不良	(1) 错误的产品设计，导致产品先天不足 (2) 设计复杂，导致高成本、低品质 (3) 经常变更设计，使制程混乱，容易出错
2	工艺不到位	(1) 缺乏工艺流程、BOM (2) 作业标准不规范、错误 (3) 没有正确、可信赖的工装夹具 (4) 缺乏完整、合理的检验标准
3	制程管控不严	(1) 不能正确理解和执行作业标准 (2) 制程管控能力不足 (3) 制程品质稽核、检验不当 (4) 缺乏品质意识与品质责任心
4	品质辅助不力	(1) 进料原料品质不良 (2) 生产计划过于简单或内容不确定 (3) 管理不当 (4) 仓储管理不良

120 应对生产现场返工

应对生产现场返工的措施如下。

1．加强员工技能培训

生产经理也可以通过加强员工技能培训来控制现场产品的质量，其培训内容如下。

（1）产品特点与基本知识。

（2）品质标准与不良辨识。

（3）作业流程与品质要求。

（4）如何正确操作设备、工具。

（5）如何自检、互检。

（6）品质不良的种类与限度。

（7）基本的不良修复技巧。

2．培养员工自主管理

生产经理应培养员工进行自主管理，具体内容如下。

（1）督促员工进行自检。

（2）督促员工按标准操作或者按作业指导书执行。工序作业指导书样例如表7-10所示。

表7-10 工序作业指导书

文件名称	工序作业指导书		文件编号		
版本号	A/0	生效日期		受控号	
编制		审核		批准	
工序名称		设备、仪器		使用材料	
图示：			操作说明：		
序号	更改内容及标记		更改日期	承认	批准

第三节　消除生产瓶颈

121　分析生产瓶颈产生的原因

生产瓶颈产生的原因有很多，既有来自外部的订单因素，也有企业内部的生产工艺流程因素，具体内容如表7-11所示。

表7-11　生产瓶颈产生的原因

序号	原因	具体内容
1	季节性的变动	由于工作量在淡季与旺季不同，企业没有根据需要重新进行排列组合，从而导致设备、人力及生产资源的浪费
2	生产没有同步进行	前后工序没有同步进行，导致生产出现瓶颈
3	流水线失去平衡	在一条被组建的流水线上，经常会出现某一个工位或某一道工序被分配到的工作标准时间长短不一，从而直接导致它们的产量不一，这样很容易出现生产瓶颈

122　查找瓶颈位置

要打破瓶颈，首先需要确定瓶颈的位置。生产经理可以采用表7-12中的几种方法查找瓶颈的位置。

表7-12　瓶颈位置查找方法

序号	方法	具体内容
1	观察法	生产经理查看车间里的每一道工序和每一台设备，以确定哪道工序或哪台设备的前面堆积着很多待加工的半成品，因为很可能这道工序或设备就是瓶颈
2	先做5S管理	观察法很简单，但很多企业做不到，因为很多企业的半成品堆积在中转仓库，根本看不出来哪里是瓶颈。在这种情况下，企业可以先做5S管理，让现场井然有序，即尽可能地定量限制现场出现的物品，这样会比较容易发现瓶颈

序号	方法	具体内容
3	IE的运用	IE又叫工业工程学，是关于怎样做工程分析、怎样做动作分析、怎样做时间分析、怎样进行平衡率分析和怎样进行搬运分析的学科。简单来说，就是如何把生产资源合理地配置在一起 如果通过5S管理不能发现瓶颈，那么就只能通过IE进行纸上作业。计算每一道工序的作业时间，依据理论时间的测算来估计瓶颈可能出现在哪个工位 挖掘瓶颈的关键：不管是生产流程还是管理流程，都让它们透明化、可视化、标准化、安定化，只有这样才便于管理

123　解决生产瓶颈

企业可通过以下方法来解决生产瓶颈。

1．充分利用瓶颈中的所有时间

瓶颈的效率决定着整个生产流程的效率，生产经理要想方设法利用瓶颈的每一分钟，不让瓶颈因午休等因素停产。

2．不让瓶颈有任何待料而产生停工损失

在瓶颈工序的前面，生产经理可以多准备一些缓冲的安全库存，预防瓶颈工序断料。瓶颈工序的停工意味着整个生产效率必定降低。

3．不要让瓶颈产生短暂停机，或降低生产速度

不要让瓶颈产生短暂停机，应保持一定的生产速度，从而确保缩短生产时间，提高生产效率。

4．不让瓶颈存在丝毫的动作浪费和加工浪费

瓶颈处可能隐藏着技术部门带来的一些加工浪费。因此，生产经理需要通过改善流程效率，寻找整个瓶颈过程中隐藏的浪费活动、等待活动、无用寻找活动，并加以排除。瓶颈中每找回、排除一分钟无价值的活动，企业的流水线就会多解放出来一分钟的产能。

5．不让瓶颈产生不良品

瓶颈产生一个不良品，企业的生产效率就等于零，而且必须重新浪费一倍的时间再做出一个产品。因此，要尽量避免瓶颈产生不良品，将所有的质量改进措施都面向瓶颈，优先改进瓶颈，以提高整条生产流水线的效率。

6．减少瓶颈后道工序产生不良品或报废，以减少瓶颈再追加生产的机会

假如瓶颈后道工序产生不良品或报废，意味着瓶颈工序做出来的半成品都浪费了。整个

质量管理的第二优先顺序，是管理瓶颈工序的后面几道工序。要想尽办法让它们不要产生报废品，更不能返工返修。因为一旦报废，就意味着瓶颈工位的效率损失，从而会对整个生产效率产生影响。

7．由瓶颈向前道工序传递需求信息

提前告诉前道工序瓶颈工序要做什么，以保证瓶颈不会停工待料。

8．添加设备

如果在不添置设备的情况下，可能会出现"用尽了一切办法，瓶颈还是瓶颈"的现象，这时，为了提高生产效率，企业就应再添置设备，以排除瓶颈对整个生产效率的影响。

第四节　控制过多、过早生产

124　过多生产的原因

生产过多，会带来庞大的库存量，从而使企业负担增加。企业由于生产过多会出现下列问题。

1．积压流动资金。

2．库存产品可能因为搬来搬去而产生质量问题。

3．客户若取消订单，则生产出来的半成品不得不报废。

因此，盲目地提高生产产量，很可能会造成浪费。

125　过早生产的原因

一般情况下，企业过早生产的原因有以下三种：生产提前、生产周期变短和生产速度加快。

126　控制生产进度

为尽量减少过多、过早生产，生产经理必须对生产进度进行控制和管理，以不断了解作业情况，并及时进行作业调整，使实际作业情况与计划要求保持平衡或达到最小差距。

127　控制投入进度

投入进度控制是指对产品开始投入的日期、数量和品种进行控制。投入进度控制是预防性的控制。投入不及时会造成生产中断，从而影响成品的按时出产；投入过多，则会造成制品积压、等待加工，从而影响经济效益。一般而言，企业的生产类型不同，投入进度控制的方法也不相同，主要包括以下两种。

1．大批量生产投入进度控制方法

该方法是根据投产指令、投料单、投料进度表、投产日报表等进行控制。

2．成批和单件生产投入进度控制方法

成批和单件生产投入进度控制比大批量生产投入进度控制复杂。其一方面要控制投入的品种、批量和成套性；另一方面要控制投入的提前期，利用投产计划表、配套计划表、加工线路单、工作命令及任务分配箱来控制投入任务。利用任务分配箱来分配任务，是在成批和单件生产条件下控制投入的一种常用方法。

128　控制出产进度

出产进度控制是指对产品的出产日期、出产提前期、出产量、出产均衡性和成套性的控制。出产进度控制是保证按时按量完成计划，保证生产过程各个环节之间的紧密衔接、各零部件出产成套和均衡生产的有效手段。

关于出产进度的控制方法，通常企业采用把计划出产进度与实际出产进度列在一张表上进行比较控制。不同的生产类型有不同的控制方法。

1．大批量生产出产进度控制方法

该方法采用将生产日报与出产日历进度计划表进行比较，从而控制每日出产进度、累计出产进度和一定时间内的生产均衡程度。在大批量生产条件下，投入和出产的控制密切相连，计划与实际、投入与出产均反映在同一张投入出产日历进度表上。它既是计划表，又是企业的核算表和投入出产进度控制表。对生产均衡程度的控制，企业主要考虑节拍、月均衡率和旬均衡率等因素。

2．成批生产出产进度控制方法

该方法主要是根据零件轮番标准生产计划、出产提前期、零部件日历进度表、零部件成套进度表和成批出产日历装配进度表等来进行控制的方法。

（1）对零部件成批出产日期和出产提前期的控制，可直接利用月度生产作业计划进度表。

只要在月度生产作业计划进度表的"实际"栏中逐日填写完成的数量，就可以清楚地看出实际产量与计划产量及计划进度的比较情况。如果计划进度采用甘特图形式，即可直接在计划任务线下画出实际完成线。

（2）在成批生产条件下，对零部件出产成套性的控制，可直接利用月度生产作业计划进行，不但要对零部件的出产日期和出产提前期进行控制，还要对零部件的成套性进行控制，只有这样才能保证按期投入装配。企业通常采用编制零部件成套进度表来控制零部件的成套性。

（3）对成品装配出产进度的控制，可利用成批出产日历装配进度表进行。

3．单件小批生产出产进度控制方法

该方法主要是根据各项订货合同所规定的交货期进行控制。通常是直接利用作业计划图表，在计划进度线下用不同颜色画上实际的进度线即可。

129　控制工序进度

工序进度控制是指对产品在生产过程中经过每道加工工序的进度所进行的控制，具体内容如下。

1．按加工路线单规定的工序顺序进行控制

车间、班组将加工路线单进行登记后，按加工路线单的工序进度及时派工；遇到某工序加工迟缓时应立即查明原因，并采取措施解决问题，以保证按时按工序顺序加工。

2．按工序票进行控制

企业按零部件加工顺序为每一道工序开一张工序票，并将其交给作业人员进行加工，加工完成后将工序票收回，在派工时再开一张工序票通知加工。

3．跨车间工序进度控制

当零部件有跨车间加工时，须加强跨车间工序的进度控制。控制的主要方法是明确协作车间分工及交付时间，将加工路线单交给零部件加工主要车间。

主要车间要建立、健全零件台账，及时登记进账，按加工顺序派工生产。协作车间要认真填写协作单，并将协作单号及加工工序、送出时间一一标注在加工路线单上，待外协加工完毕。协作单连同零件被送回时，零部件加工的主要车间应在"协作单"上签字，双方各留一联作为记账的原始凭证。

第八章　生产现场管理

导读 >>>

现场管理是生产第一线的综合管理，是生产管理的重要内容，也是生产系统合理布置的补充和深入。现场管理是生产经理工作的重中之重。

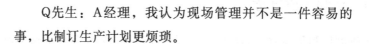

Q先生：A经理，我认为现场管理并不是一件容易的事，比制订生产计划更烦琐。

A经理：现场管理是指用科学的管理制度、标准和方法对生产现场各要素，包括人（工人和管理人员）、机（设备、工具、工位器具）、料（原材料）、法（加工、检测方法）、环（环境）、信（信息）等进行合理有效的计划、组织、协调、控制和检测，使其处于良好的状态，达到优质、高效、低耗、均衡、安全、文明生产的目的。

Q先生：可是，怎样才能达到这一目的呢？

A经理：要做好现场管理，就必须先做好三件事：定置管理、看板管理、5S管理。做好了这三项工作，有了一个整洁的、可视化的工作场所，管理起来就容易多了。

第一节　生产现场定置管理

130　定置管理的类别

根据管理范围的不同，我们可将定置管理分为表8-1所示的五种类型。

表8-1　定置管理的类别

类别	说明
全系统定置管理	全系统定置管理是指在整个企业各系统、各部门实行定置管理
区域定置管理	区域定置管理是指按工艺流程把生产现场分为若干定置区域，对每个区域实行定置管理
职能部门定置管理	职能部门定置管理是指企业的各职能部门按职能要求对各种物品和文件资料实行定置管理
仓库定置管理	仓库定置管理是指对仓库内的物品实行定置管理
特别定置管理	特别定置管理是指对影响企业生产质量和安全的薄弱环节包括易燃、易爆、易变质、有毒物品等的定置管理

131　工厂区域定置管理的内容

工厂区域定置管理包括生产区定置管理和生活区定置管理。

1．生产区定置

生产区定置包括总厂定置、分厂（车间）定置、库房定置。

（1）总厂定置管理内容

总厂定置管理包括分厂、车间界线划分，大件报废物摆放，改造厂房的拆除物临时存放，垃圾区、车辆存停等。

（2）分厂（车间）定置管理内容

分厂（车间）定置包括工段、工位、机器设备、工作台、工具箱、更衣箱等。库房定置包括货架、箱柜、储存容器等。

①根据车间生产需要，合理设计车间定置图。

②对物品临时停滞区域定置。

③对工段、班组及工序、工位、机台定置。

④对工具箱定置。

⑤设备定置。

⑥质量检查现场定置。

（3）库房定置管理内容

①设计库房定置图，并悬挂在库房的醒目处。

②对易燃、易爆、有毒及污染环境、限制储存的物品实行特别定置。

③限期储存物品要用特定的信息表示接近储存期。

④账簿前页应有序号、物品目录及存放点。

⑤特别定置区域，要用标准符号或规定符号表示。

⑥物品存放的区域、料架号、序号必须和账卡物目录相符。

2．生活区定置

生活区定置包括道路建设、福利设施、园林修造和环境美化等方面的内容。

132　生产现场定置管理的内容

生产现场定置管理的内容如下。

1．区域定置

（1）A类区：放置A类物品，包括在用的工、卡、量、辅具；正在加工、交检的产品；正在装配的零部件。

（2）B类区：放置B类物品，包括重复上场的工装、辅具、运输工具；计划内投料毛坯；待周转的半成品；待装配的外配套件及代保管的工装；封存设备；车间待管入库件；待料；临时停滞料等。

（3）C类区：放置C类物品，包括废品、垃圾、料头、废料等。

2．设备、工装的定置

（1）根据设备管理要求，对设备划分类型（精密、大型、稀有、关键、重点等设备）分类管理。

（2）自制设备、专用工装经验证合格交设备部门管理。

（3）按照工艺流程，将设备合理定置。

（4）对设备附件、备件、易损件、工装进行合理定置，加强管理。

3．操作者定置

（1）人员实行机台（工序）定位。

（2）某台设备、某工序缺员时，调整机台操作者的前提是保证生产不间断。

（3）培养全能型人才，实行一专多能。

4．质量检查现场定置

（1）检查现场一般划分五个区域，即合格品区、待检区、返修品区、废品区和待处理品区。

（2）区域分类标记可用字母 A、B、C 表示，也可用红、黄、蓝等颜色表示或直接用文字表示。

5．质量控制点定置

质量控制点定置即把影响工序质量的各要素有机地结合成一体，并落实到各项具体工作中去，做到事事有人负责。

（1）操作人员定置（定岗）。

（2）操作人员技术水平必须达到岗位技术素质的要求。

（3）操作人员会运用全面质量管理方法。

（4）操作人员应做到文明生产。

6．其他定置

（1）工件的定置管理。

（2）工具箱及箱内物品的定置管理。

（3）运输工具、吊具的定置管理。

（4）安全设施的定置管理。

133　办公室定置管理的内容

办公室定置管理的内容如下。

1．设计各类文件资料流程。

2．办公桌及桌内物品定置。

3．文件资料柜及柜内资料定置。

4．卫生生活用品定置。

5．急办文件、信息特殊定置。

6．座椅定置表示主人去向。

134 定置管理之方法研究

方法研究是定置管理开展的起点，它是对生产现场现有加工方法、机器设备情况、工艺流程等全过程进行详细分析和研究，确定其方法在技术水平上的先进性、在经济上的合理性，分析是否需要和可能采取更先进的工艺手段及加工方法进行改造、更新，从而确定工艺路线与搬运路线，使定置管理达到科学化、规范化和标准化。

135 定置管理之分析人、物结合状态

在生产现场的三种状态中：A状态代表良好状态，B状态代表改善状态，C状态代表需要彻底改造状态。

这是开展定置管理的第二个阶段，也是定置管理中最关键的一个环节。定置管理的原则是提倡A状态，改造B状态，清除C状态，以达到提高工作效率和工作质量的目的。生产现场人、物与场地之间的结合状态代号如表8-2所示。

表8-2 生产现场人、物与场地之间的结合状态代号

代号	结合状态名称	含义
A	紧密结合状态	正在加工或刚加工完的工件
B	松弛结合状态	暂存放于生产现场、不能马上进行加工或转运到下道工序的工件
C	相对固定状态	非加工对象，如设备、工艺装备、生产中所用的辅助材料等
D	废弃状态	各种废弃物品，如废料、废品、铁屑、垃圾及与生产无关的物品

136 定置管理之分析物流、信息流

在生产现场中需要定置的物品，无论是毛坯、半成品、成品，还是工装、工具、辅具等，都随着生产的进行而有规律地流动，并处于不断变化的状态。这种定置物规律的流动性与状态变化，称之为物流。

随着物流的变化，生产现场也产生了大量的信息，如表示物品存放地点的路标，表示所取物品的标签，定置管理中表示定置情况的定置图，表示不同状态物品的标牌，为定置摆放物品而划出的特殊区域等，都是生产现场中的信息。随着生产的运行，这些信息也在不断地变化，当加工件由B状态转化为A状态时，信息也伴随着物的流动变化而变化，这就是信息流。

通过对物流、信息流的分析，不断掌握加工件的变化规律和信息的连续性，对不符合标准的物流、信息流进行改正。

137　定置管理之设计定置图

设计定置图时应该掌握以下几个方面的内容。

1．定置图分类

定置图的类别如表8-3所示。

表8-3　定置图的类别

类别	说明
车间定置图	应将图放大，做成彩色图板，悬挂在车间的醒目处
区域定置图	车间的某一工段、班组或工序的定置图，可张贴在班组园地中
办公室定置图	要做定置图示板，悬挂于办公室的醒目处
库房定置图	做成定置图示板悬挂在库房醒目处
工具箱定置图	绘成定置蓝图，贴在工具箱盖内
办公桌定置图	统一绘制蓝图，贴于办公桌上
文件资料柜定置图	统一绘制蓝图，贴于资料柜内

2．定置图绘制的原则

绘制定置图时，应遵循以下原则。

（1）现场中的所有物品均应绘制在图上。

（2）定置图绘制以简明、扼要、完整为原则，按比例绘制物品的大致轮廓，相对位置要准确，区域划分要清晰鲜明。

（3）生产现场暂时没有，但已定置并决定制作的物品，也应在图上标示出来；准备清理的无用之物则不得出现在图上。

（4）定置物可用标准信息符号或自定信息符号进行标注，并在图上加以说明。

（5）定置图应按定置管理标准的要求绘制，但应随着定置关系的变化进行修改。

111

3．定置图设计步骤

定置图设计包括以下几个步骤。

（1）对场所、工序、工位、机台等进行定置诊断分析。诊断分析的主要任务如下。

①分析现有生产、工作的全过程，确定经济合理的工艺路线和搬运路线。

②分析生产、工作环境是否满足生产、工作需要和人的生理需要，并提出改进意见。

③分析生产人员的作业方式和设备、设施的配置，了解作业者的工作效率，发现不合理的地方，提出改进措施。

④研究操作动作，分析人与物的结合状态，消除多余的动作，确定合理的操作或工作方法。

（2）制定分类标准，即制定 A、B、C 三类标准。

（3）设计定置图。

①根据工艺路线、搬运路线选择最佳的物流程序，确定设备、通道、工具箱、检验与安全设施等各类场地。

②按照作业计划的期量标准确定工件存放区域，并确定工序、工位、机台及工装位置。

③工具箱内要定置，使当天使用的量具、工具、图样及工艺文件处于待用状态。生产用品和生活用品要严格分开，同工种、同工序工具箱定置要统一。

④确定检查现场中各区位置。

⑤C类物品要按有无改制回收价值分类定置。

4．定置图设计注意事项

（1）定置图按统一标准制作。例如，属于全厂范围内的定置图用 A0 纸幅，分厂（车间）与大型仓库定置图用 A2 纸幅，班组定置图用 A3 纸幅，机台、工位、工具箱定置图用 A4 纸幅等。

（2）设计定置图时应尽量按生产组织划分定置区域，如一个车间有四个较大的生产工段，即可在定置图上标出四个相应的定置区域。

（3）设计定置图可先以设备作为整个定置图的参照物，依次划出加工件定置图、半成品待检区、半成品合格区、产成品待检区、成品合格区、废品区、返修品区和待处理区等。

138　定置管理之信息媒介物设计

信息媒介物设计的内容包括信息符号设计和定置示板图、标牌设计。企业在推行定置管理，进行工艺研究、各类物品停放布置、场所区域划分等时，都需要运用各种信息符号表示，以便人们形象地、直观地分析问题和更好地实现目视管理。企业应根据实际情况设计和应用有关信息符号，并纳入定置管理标准。

1．信息符号

在设计信息符号时，如有国家规定的（如安全、环保、搬运、消防、交通等）应直接采用国家标准。其他符号，企业应根据行业特点、产品特点、生产特点进行设计。设计符号时应遵循简明、形象、美观的原则。

2．定置示板图

定置示板图是现场定置情况的综合信息标志，它是定置图的艺术表现和反映。

3．标牌

标牌是指示定置物所处状态、标志区域、指示定置类型的标志，如建筑物标牌，货架、货柜标牌，原材料、在制品、成品标牌等。

139　定置实施

定置实施是定置管理工作的重点。它包括以下三个步骤。

1．清除不用的物品

生产现场中凡与生产无关的物品，都要清除干净。企业可制定物品要与不要的判断基准。

2．按定置图实施定置

各车间、各部门应按照定置图的要求，将生产现场的设备、器具等物品进行分类、调整并定位。定置物要与图相符，位置要正确，摆放要整齐。

3．放置标准信息名牌

放置标准信息名牌要以标志明确和不妨碍生产操作为原则，做到牌、物、图相符，并指定专人管理，不得随意挪动。

第二节　生产现场看板管理

140　实施看板管理的条件

实施看板管理的条件如下。

1．建立生产流水线

实施看板管理的基本做法：看板以最后的装配工序为起点，在需要的时候到前一道工序按需要的数量领取真正需要的零部件。

而在尚未建立生产流水线的地方是无法采用这种方法的，因而企业应在流水作业的基础上实施看板管理。

2．均衡生产

均衡生产是实施看板管理的基础条件，实施看板管理的各工序，必须满足后道工序在需要时到前一道工序领取需要的零部件的要求，因而企业的生产秩序必须稳定，以全面实现生产的均衡化。同时，实施看板管理又可以促进生产均衡化。

3．工序健全合理、工艺装备精良

实施看板管理时，为适应各工序必须对后道工序提供合格产品的要求，企业内部的制造工序、检验工序、运输工序必须健全而完善，并确保厂区布置合理，工装精度良好，工位器具完备，以消除无效劳动，从而保证产品质量稳定。

4．加强现场管理

加强以生产工人为主体的现场管理。实施看板管理，必须加强现场管理，使机修、电修、工具、检验、工艺技术等随时服务到现场，以保证第一线生产正常、连续地进行。

5．完善各项管理制度

完善各项管理制度涉及企业的方方面面，关系到所有的人员，是一项群众性很强的工作。它必须不断完善看板的传递、在制品储备、运输及保证看板管理能得以顺利实施。

141　管理类看板

管理类看板主要用来展示现场的管理运作状况。常见的管理类看板有生产计划看板、生产线看板、质量信息看板、动态看板、人员动态看板、绩效考核看板等。

1．生产计划看板

生产计划看板主要是针对本阶段的工作计划而制成的，主要内容包括产品的名称、本月计划数、本月实际完成数以及序时进度完成情况等，必要时分解到周、日。生产计划看板通常置于生产管理部门办公室的墙面上。班组分解的生产计划看板，亦可置于生产现场中，给员工一种赶超目标的动力。

2．生产线看板

这种看板在流水线上出现得比较多。随着电子技术的快速发展，管理看板由过去的人工填写改为电子显示屏实时显示。例如，在流水线上装置显示屏，随时显示生产信息（目标、实际生产数量、差额数等），使各级管理人员能直观、一目了然地掌握生产情况。

3．质量信息看板

质量信息看板主要反映每日、每周及每月的产品不良率、直通率、合格率和趋势图以及改善目标。企业一般将其置于部门办公室和生产车间的墙壁上。

4．动态看板

将工作单置于动态看板内，将有关信息填写在工作单上，如产品名称、数量等，员工拿到工作单就可知道自己的工作任务；当本次任务完成后，再到动态看板领取下一项工作任务。

5．人员动态看板

人员动态看板主要反映人员的动态情况，如出勤、行踪等，类似的叫法有人员去向牌、行踪表等。

6．绩效考核看板

通过绩效考核看板，展现每位员工的工作实绩，营造有形和无形的压力，让员工了解绩效考核的公正性，积极参与正当的、公平的竞争，增强企业的凝聚力。

142 信息类看板

信息类看板主要用来公布管理措施方面的信息。常见的信息类看板有提示看板和物品信息看板。

1．提示看板

提示看板主要把提示语或图形印制在看板上，以固定或活动的形式安置在现场，起到现场秩序的温馨提示和发生异常情况时必要的提示与指引作用，如常见的用塑料制成的小心地滑的看板，放在容易地滑的地段，提醒来往的人们注意。

2．物品信息看板

对每样物品都用小板标明品名、数量、入库日等，以让所有的人都清楚了解。

143 制度类看板

企业制度是企业的法规性文件，企业员工必须严格执行。在生产现场中，我们会将一些企业制度做成相关的看板，用来指导企业员工的行为规范。常见的这类看板有公司制度、操作规程、作业指导书、工艺流程图、岗位责任制等。

144 标志类看板

标志类看板主要用来指出管理要求或指明某种规定状态。常见的标志类看板有要求看板、区域标志看板、安全看板等。

1. 要求看板

要求看板主要是对现场环境和工作提出各种要求。

2. 区域标志看板

（1）仓库区域总看板。以看板的形式把存放物品的区域展示出来，使相关人员能迅速了解现状。

（2）区域分布看板。将区域的分布情况以看板的形式展示出来，以便于外来客人了解情况，提高办事效率。

3. 安全看板

安全看板主要针对现场或操作过程中的安全事项用看板的表现形式来加以说明。

145 事务类看板

事务类看板主要是用于企业方针、企业文化的宣传和公告、奖惩的展示。它是展示企业形象的窗口，也是企业文化宣传的重要形式和载体，具有沟通桥梁、信息提示和丰富员工文化生活的作用。事务类看板主要展示的内容包括公司的一些重大决定、临时性通知、时事新闻、厂务公开、安全知识、重大节日专栏、文艺副刊、生活小知识、技术专栏、员工与公司交流平台、5S知识等。事务类看板有企业的宣传栏、公告栏、学习园地等。

146 电子类看板

由于电子类看板采用单片机技术和超大规模现场可编程逻辑器件进行设计，因此成本较高。但电子看板类也有许多的潜在优势，如不用对看板运行、维护投入太多关注，不会丢失看板，看板自动产生、回收，可与许多其他系统（如ERP、条形码等）通过电子方式连接，如电子利率牌、电子航班表、电子安全运行牌、电子生产看板等。

147 综合类看板

综合类看板是将几种看板的功能综合在一起，一般用于提示部门的生产状况、工作计划，同时也能传达公司的指令和部门的方针口号。

148 宣传画

宣传画又称招贴画，是以宣传鼓动、制造舆论和气氛为目的的绘画。宣传画一般带有醒目的、富有号召力和激情的文字标题。其特点是形象醒目，主题突出，风格明快，富有感召力。宣传画一般可做成看板形式悬挂在引人注目的公共场所，也可直接张贴或绘制在工作现场，通过直接面向员工、影响人心而及时地发挥作用。

149 实物看板

实物看板是将一些专用工具以实物的形式悬挂在看板上，并在工具的上方或下方贴上工具名称和编号，员工领用时可将领用牌挂在被领用的工具位置上，这样工具的去向就一目了然了。

150 看板的设计要求

看板的设计要求如下。

1．版面设计大方，条理清晰，可用线条对不同的栏目进行分割。

2．采用透明胶套或有机玻璃框进行定位，便于内容更换。

3．采用卡通、漫画形式，活跃版面。

4．多用量化的数据、图形、照片，形象地加以说明。

151 使用看板的注意事项

使用看板时应注意的事项如下。

1．位置要合理

看板应设置在人流量较多、引人注目的场所，如员工出入口或客户参观通道、休息室等。

2．空间要大

看板展示要有一定的空间，避免拥挤和影响正常的人流、物流畅通。

3．高度要适中

看板悬挂的高度要适中，版面大小要合适，使人站着就可以清楚阅览全部内容。

4．光线要充足

看板设置场所光线要充足，必要时可以安装灯箱来增加照明。

5．要有专人负责

看板应指定专人负责，内容应不断更新，实行动态管理，以体现看板的灵活性和时效性。看板要明确专人进行维护管理，要定期进行清洁和保养，并及时更新内容。

6．提倡自己动手制作

除了一些不经常更换的永久性看板可请专业公司制作外，其他尽量由员工亲自动手制作，这样既可以增加员工的投入和关注度，又能保证内容的真实贴切。

152　看板的整理整顿

看板的整理整顿内容如下。

1．看板的整理

对现场的各类看板进行一次大盘点，确认哪些是必要的，哪些是不必要的，彻底清除那些不必要的看板。特别是对于那些随意乱张贴的看板，诸如违者罚款、闲人免进、不得入内等要坚决清除。

2．看板的整顿

整顿的内容包括看板自身大小等的标准化工作，也包括看板的使用场所、位置、高度的确定等。

例如，用不干胶或透明胶纸可以简单地固定揭示物，但是一旦贴上，要揭下来却不容易，即使揭下来了，也会留下一块疤痕，污染了墙面、台面或机器设备表面。

3．看板的清扫、清洁

看板的清扫、清洁工作包括两个方面的要求。

（1）要制定公司统一的关于看板的制作和展示的标准，以便各部门长期坚持。另外，看板还要符合公司形象设计的有关要求。

（2）明确看板的管理责任人，由其对看板的内容、状态等进行维护，保证看板展现出良好的状态，发挥其积极的作用。

表8-4是看板管理一览表，企业在制定看板标准时，可以根据看板特点决定管理的权限。

表8-4　看板管理状态比较

揭示物	公司统一	部门内统一
方针、标语等		
组织结构图		
海报、新闻		
评价表		
活动计划等		
月度管理		
现场实施计划		
清扫责任展示		

第三节　生产现场5S管理

153　实施现场5S管理

5S是指整理（Seiri）、整顿（Seiton）、清扫（Seiso）、清洁（Seiketsu）和素养（Shitsuke）五个方面。5S管理即通过规范现场管理，营造良好的工作环境，从而培养员工良好的工作习惯。

5S管理的成功实施，可以缩短由于更换生产线所需要的时间。在流水线生产过程中，由一种产品的生产换成另外一种产品的生产通常需要一定的更换时间，因而会对生产效率的提高产生不利的影响。而通过实施5S管理，就能使生产线的变换过程有条不紊，大大缩短了更换时间。

另外，生产管理人员通过实施5S管理，即做好整理、整顿、清扫、清洁和素养五个方面的日常工作，就可以改善工作环境，改变员工的不良工作习惯，从而提高工作绩效。

154　开展现场整理工作

整理是指清除现场不需要的物品，腾出更多的空间来管理必需的物品，从而节省寻找物品的时间，提高现场工作效率。

1．确定现场整理标准

现场存在的无用物品既占据大量的空间，又造成资源浪费，对此生产经理必须确定要与不要的标准，使现场作业人员能正确地进行区分。现场整理标准如表8-5所示。

表8-5　现场整理标准

真正需要	确实不需要
（1）正常、完好的生产设备	（1）作业台面上的多余物料
（2）各种作业台、材料架、推车	（2）各种损坏的设备、工装夹具
（3）正常使用的工装夹具	（3）各种与生产无关的私人用品
（4）各种生产所需的物料	（4）呆料、滞料和过期物品
（5）各种使用中的看板、宣传栏	（5）陈旧无效的指导书、工装图
（6）有用的文件资料、表单记录	（6）过期、陈旧的看板
（7）尚有使用价值的消耗用品	（7）各种坏损的吊扇、挂具
（8）其他必要的物品	（8）地面、天花板、墙壁上的污渍

2．进行生产现场检查

在确定了要与不要的判断标准后，生产经理应组织人员进行全面的现场检查，包括看得见和看不见的地方，尤其是容易忽略的地方，如墙角、桌子底部、设备顶部等。

155　开展现场整顿工作

整理的主要目的是清除现场的非必需品，而现场的有序还需通过整顿来实现。整顿就是将现场必需的物品进行定位、标示，以便取用和放回。

生产经理可以根据物品各自的特征，把具有相同特点、性质的物品划为同一个类别，并制定标准和规范，为物品正确命名、标示。

156　开展现场清扫工作

清扫是指将作业场所彻底清扫干净，保持现场的整洁。

1．准备工作

在清扫前，生产经理要就清扫的区域、清扫要求等向现场作业人员一一说明，重点强调清扫中的安全注意事项。

2．明确清扫责任

对于清扫工作，生产经理应该进行区域划分，实行区域责任制，明确每个人的责任。针对清扫活动应制定"清扫责任表"，明确清扫对象、方法、重点、周期和使用工具等。"清扫责任表"样例如表8-6所示。

表8-6　清扫责任表

责任区域	清扫时间	责任人	清扫要求

3．清扫地面、墙壁和窗户

在清扫作业场地时，对地面、墙壁和窗户的清扫是必不可少的工作。在具体实施清扫时，要将地面上的灰尘和垃圾、墙壁上的污渍、天花板的灰尘、角落的蜘蛛网等都清扫干净。同时，应将窗户擦洗明亮。

4．清扫生产设备

设备一旦被污染，就容易出现故障而影响正常的生产活动。因此，要定期进行设备、工具的清扫，并与日常的点检维护相结合。

5．检查清扫结果

清扫结束后，应采用白手套检查法进行检查，即双手都戴上干净的白色手套（尼龙、纯棉质地均可），在检查对象的相关部位来回擦数次，然后根据手套的脏污程度来判断清扫的效果。

157　开展现场清洁工作

清洁是对清扫后状态的保持，即对整理、整顿、清扫效果的维持。

1．仔细检查整理、整顿、清扫的效果

在清洁工作开始时，生产经理要对整理、整顿、清扫的效果进行检查，制定详细的检查明细表，以明确清洁的状态，具体的检查要点如表8-7所示。

表8-7　整理、整顿、清扫的检查要点

序号	检查项目	具体的检查要点
1	整理	检查现场是否存在不需要的物品，如果还存在，那么要编制不需要物品一览表，并及时进行相应的清理工作
2	整顿	(1) 检查现场的各种物品是否做好定置管理 (2) 检查现场是否划有区域界限，并对不同区域进行标示 (3) 检查常用的工具是否摆放完好，便于取用和放回
3	清扫	(1) 是否制定清扫标准和清扫值日表 (2) 检查是否将现场的门窗、玻璃、地面、设备、作业台等清扫干净

2．实施清洁工作标准化

清洁到了一定程度，就进入了实施标准化阶段。所谓标准化，就是对于一项任务，将目前认为最好的实施方法作为标准，让所有做这项工作的人执行这个标准并不断完善它。在生产现场，"标准"可以理解为做事情的最佳方法。

如果不对整理、整顿、清扫工作进行标准化，员工就会按自己的理解去做，实施的深度就会很有限，只能进行诸如扫地、擦灰、将东西摆放整齐之类的事情。

要想彻底地进行整理、整顿、清扫工作，就必须对其管理的维护方法及出现异常的处理方法加以标准化，以维持整理、整顿、清扫工作必要的实施水准，避免由于作业方法不正确导致的安全事故。

实施标准化，即对工作方法进行分析总结，将最正确、最经济和最有效率的工作方法加以文件化，并督促员工在作业中遵照执行。

158　开展现场素养活动

开展现场素养活动能让员工时刻牢记5S管理规范，自觉地做好5S管理工作，使其更重于实质，而不是流于形式。

1．明确素养目的

通过实施素养活动，创造一个积极向上、富有合作精神的团队，使现场人员高标准、严要求地维护现场环境的整洁和美观，自愿实施5S活动，培养自觉遵守规章制度的良好习惯。

2．制定规章制度

规章制度是规范员工行为的准则，是让员工达成共识、形成企业文化的基础。

3．检查素养效果

生产经理开展素养活动之后，要对素养活动的各个方面进行检查，以查看效果如何。

159 开展现场5S检查工作

生产经理要想做好现场5S管理工作，就必须对其结果进行检查，具体内容如表8-8所示。

表8-8 生产现场5S检查表

检查日期：＿＿年＿月＿日　　　　　　检查人：

项目	内容	满分	得分	问题点	处理措施
整理	（1）有没有定期实施红牌作战管理（丢弃非必需品） （2）有没有不需要用、不急用的工具和设备 （3）有没有剩余材料等不需要品 （4）有没有被不必要的隔间挡住视野 （5）生产现场有没有定置区域化标志				
整顿	（1）有没有设置地址，物品是否摆放在了规定位置 （2）存放工具、夹具时是否做到了手边化、附近化、集中化 （3）工具、夹具是否归类存放 （4）工具、夹具、材料等是否按规定位置放置 （5）废料有没有规定存放点，是否妥善管理				
清扫	（1）生产现场是否杂乱 （2）工作台面是否混乱 （3）生产设备有没有污损或附着灰尘 （4）区域线（存物、通道）是否明确 （5）下班前有没有做清扫工作				
清洁	（1）整理、整顿、清扫工作是否规范 （2）是否定期按规定点检设备 （3）是否穿着规定工作服				

（续表）

项目	内容	满分	得分	问题点	处理措施
清洁	(4) 是否任意放置私人用品 (5) 有没有规定吸烟场所？员工是否遵守				
素养	(1) 有没有编制并认真执行日程进度管理表 (2) 有没有采购并按规定使用安全保护装备用品 (3) 是否制定并严格执行作业指导书 (4) 有没有紧急事件的应急方案、程序 (5) 是否遵守上下班时间，并积极参加推进小组的会议				
备注：					

160 开展5S评比考核

为了加强各班组对5S管理工作的重视，生产经理应开展5S评比考核工作，并将考核结果填入考核表（见表8-9）中。对考核结果为优秀的班组要提出表扬，并给予相应奖励；而对表现不佳的班组，则要提出批评并督促其改进。

表8-9　5S评比考核表

班组：　　　　　　评分者：　　　　　　　　　　　　填表日期：____年__月__日

5S	评分项目	评分内容	评分				备注
整理 (20分)	1. 是否制定整理标准 2. 非必需品是否被有效处理	是否有要与不要的基准					
		区分各种不要的物料、库存品、半成品等					
		有无不使用的设备、机器、治工具、模具、备品等					
		按照相应的处理程序清除各种非必需品					
整顿 (20分)	1. 是否进行区域画线 2. 是否整顿物品 3. 是否做好标示	是否漆上白色、黄色、绿色等明显的区分线					
		各种物品是否按照各自的要求进行整顿					
		各种物料、设备、治工具等是否都有相应的标示牌					
		有无场所标示及位置标示的看板					

（续表）

5S	评分项目	评分内容	评分					备注
清扫 （20分）	1．是否有清扫标准 2．是否确定责任人 3．现场是否清扫干净	是否对清扫的要求、工具、方法等进行明确说明						
		是否将各区域的清扫任务具体到个人						
		地面上有无垃圾、水、油污等						
		机器是否有漏油现象，是否与点检、维护相一致						
清洁 （20分）	1．是否检查整理、整顿、清扫的效果 2．是否坚持整理、整顿、清扫	是否对整理、整顿、清扫的效果进行检查						
		在日常工作中是否坚持做好整理、整顿、清扫工作						
		现场是否有灰尘、垃圾、废弃物等						
		是否制定各种标准						
素养 （20分）	1．是否进行培训 2．是否检查素养效果	是否制定班组的相关规范						
		是否对人员进行5S管理相关知识的培训						
		检查行为、仪容仪表等是否符合企业规定						
		各种规章制度、作业方法等是否得到切实执行						
合计								

第九章 生产设备管理

导读 >>>

　　生产设备是现代工业生产活动中不可或缺的器具。这里所说的设备是指企业在生产过程中使用的机器、工具等。生产经理应带领部门人员做好生产设备的各项管理工作，确保设备完好。

　　Q先生：A经理，请问如何开展设备的采购工作呢？

　　A经理：首先你要了解生产设备的类型及具体采购要求，然后要熟悉采购流程。当设备到货后，你要注意做好验收和调试工作。另外，一定要保管好设备资料。

　　Q先生：我发现一些员工不爱惜生产设备，所以我想加强对设备的日常管理，您能给我一些建议吗？

　　A经理：你可以为设备编号，建立设备台账，然后通过明确设备操作程序，进行设备使用登记等工作，从而完善设备的日常管理。同时，你要定期对设备进行维护，避免设备磨损。

第一节 生产设备日常管理

161 为生产设备编号

生产经理可以通过给生产设备编号，对其进行有效识别和监控。为生产设备编号具有以下作用。

1．区分设备的使用和所属部门。如超声波机属于设备部的资产，但在装配部使用。

2．区分设备的类型，如直接生产设备为Ⅰ类设备，间接生产设备为Ⅱ类设备。

3．规范设备管理，做到每台设备都有编号。

4．确保企业的设备资产安全、完整。

5．便于计算机入账和盘点。

6．便于追溯到产生不良的设备。

162 建立生产设备台账

建立生产设备台账（见表9-1）的目的是对现场设备的各种信息进行汇总，以便进行正常的使用、维护和校正。

表9-1 生产设备台账

编号： 填表日期：____年__月__日

序号	设备名称	设备型号及规格	在库数量	生产厂商及编号	故障维修				使用场所	运行状态	负责人
					2016年	2017年	2018年	2019年			

制表人： 审核人：

台账的内容主要包括以下几个方面。

1．设备的名称、型号

使用设备生产厂商给定的名称，若有外文名称应同时标明。设备型号是对各种设备进行区分的关键，企业必须按设备的固有型号进行登记。

2．设备编号

当设备种类繁多、数量庞大时，须考虑设置编号，具体可按设备的种类或持有部门的不同而分别设置。编号时要将各种数据录入计算机，以便日后方便管理。

3．设备使用场所

因生产需要，有的设备要改变使用场所，须办理转移手续，因此一些公用的设备必须要及时记下使用记录，否则可能被人乱用。

4．生产厂商资料

记录生产厂商或代理商的名称、电话号码、传真、网址、E-mail等信息。

5．故障的维修

维修设备故障时要做好记录，以便为设备的日常维护提供参考资料。

6．设备在库数量

各种设备的数量一定要统计清楚，具体可按设备所在部门分布或类型进行统计，统计内容如表9-2所示。

表9-2　设备在库管理一览表

填表日期：____年__月__日

名称：		型号：		编号：		生产厂商：		责任人：		
是否进行精度校正		□是　　□否		上次校正日期：____年__月__日			下次校正日期：____年__月__日			
入库				出库				余数		
入库日	来源	入库数	型号	出库日	出库数	去向	原因	领取人	在库数	月末确认数

制表人：　　　　　　　　　　　　　审核人：

163　实施设备"三定户口化"

实施设备"三定户口化"，即做到设备定号、管理定户、保管定人，具体内容如表9-3所示。

表9-3 设备"三定户口化"

序号	三定要求	具体说明
1	设备定号	按照固定资产目录,可使用各种标志牌对每台设备依顺序统一进行编号
2	管理定户	以各班组为单位,将全组的设备编为一个"户",各班组对所使用的设备全面负责
3	保管定人	根据"谁用,谁管,谁负责维护保养"的原则,把设备的保管责任落实到使用人,使设备有专人保管,丢失损坏有专人负责,把设备管理纳入岗位责任制

164 明确设备操作程序

设备操作程序是指对作业人员正确操作设备的有关规定和程序。设备操作程序必须包括的内容体现在以下几个方面。

1．设备技术性能和允许的极限数,如最大负荷、压力、温度、电压、电流等。

2．设备交接使用的规定。两班或三班连续运转的设备,岗位人员交接时必须对设备运行状况进行交接,交接内容包括设备运转的异常情况、原有缺陷变化、运行参数的变化、故障及处理情况等。

3．操作设备的步骤,包括操作前的准备工作和操作顺序。

4．紧急情况处理的规定。

5．设备使用中的安全注意事项。非本岗位操作人员,未经批准不得操作本机,任何人不得随意拆掉或放宽安全保护装置。

6．设备运行中故障的排除。

165 设备操作人员的"三好"要求

对设备操作人员的"三好"要求如表9-4所示。

表9-4 "三好"要求

序号	内容	具体说明
1	管好设备	操作者应负责管好自己使用的设备,未经领导同意,不准他人操作使用
2	用好设备	严格贯彻操作维护和工艺规程,保证不超负荷使用设备,禁止不文明操作

（续表）

序号	内容	具体说明
3	修好设备	设备操作人员要配合维修人员修理设备，及时排除设备故障，按计划交修设备

166　设备操作人员基本功的"四会"要求

对设备操作人员基本功的"四会"要求如表9-5所示。

表9-5　"四会"要求

序号	内容	具体说明
1	会使用	操作者应先学习设备操作维护规程，熟悉设备性能、结构、传动原理，弄懂加工工艺和工装刀具，正确使用设备
2	会维护	学习和执行设备维护、润滑规定，上班加油，下班清扫，保持设备内外的清洁、完好
3	会检查	了解自己所用设备的结构、性能及易损零部件，熟悉日常点检、完好检查的项目、标准和方法，并能按规定要求进行日常点检
4	会排除故障	熟悉所用设备的特点，懂得拆装注意事项及鉴别设备正常与异常现象，会做一般的调整和简单故障的排除，自己不能解决的问题要及时报告，并协同维修人员进行解决

167　设备操作人员的"五项纪律"要求

对设备操作人员的"五项纪律"要求如下。

1．实行定人定机，凭操作证使用设备，遵守安全操作程序。

2．保持设备整洁，按规定加油，确保合理润滑。

3．遵守交接班制度。

4．管理好工具、附件，不得遗失。

5．发现异常应立即停机检查，自己不能处理的问题应及时通知有关人员检查处理。

168　进行使用设备登记

生产经理应做出明确规定，所有作业人员应爱护生产设备，并对设备使用人员和使用情况进行登记，具体如表9-6和表9-7所示。

表9-6　设备使用人员花名册

编号：　　　　　　　　　　　　　　　　　　　　　　填表日期：＿＿＿年＿＿月＿＿日

序号	姓名	出生年月	工种	证件编号	证件有效记录	隶属部门

制表人：　　　　　　　　　　　　　　审核人：

表9-7　设备使用情况登记表

编号：　　　　　　　　　　　　　　　　　　　　　　填表日期：＿＿＿年＿＿月＿＿日

序号	使用日期	设备名称	使用部门	使用人	签名	联系电话	归还日期

制表人：　　　　　　　　　　　　　　审核人：

169　进行生产设备巡检

　　设备的巡检是为了维持设备所规定的机能，按标准对规定设备检查点（部位）和工具仪表进行直观检查的制度。实行生产设备巡检可以及时发现设备的故障和劣化现象，做到早期预防，早期修理，避免因突发故障而影响产量、质量，从而增加维修费用、运转费用以及降低设备使用寿命。

　　生产设备巡检可分为日常巡检、定期巡检和专题巡检三种，具体如图9-1所示。

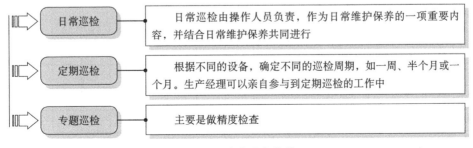

图9-1　生产设备巡检

170 制定巡检标准书和巡检卡

生产设备巡检必须先由生产部人员、设备工程技术人员、管理人员、操作人员和维修人员根据每一台设备的不同情况和要求制定设备巡检标准书（见表9-8），再根据设备巡检标准书制定设备巡检卡（见表9-9）。设备操作人员和维修人员要根据设备巡检卡的要求进行巡检。设备巡检卡的制定必须简单、明了，判断的标准要明确，记录要简单（用符号表示），使作业人员和维修人员能够很快掌握。一般是将设备上影响产量、质量、成本、安全、环境以及不能正常运行的部位作为巡检的项目。

表9-8 设备巡检标准书

设备名称：　　　　　　　　　　　　　设备编号：
设备型号：

巡检部位	巡检项目	巡检周期	巡检方法	使用器具	判断标准	处理方式

制表人：　　　　　　　　　　　　　审核人：

表9-9 设备巡检卡

设备名称：　　　　　　操作人：　　　　　　　　　　　　填表日期：____年__月__日

部位	巡检项目	点检内容	巡检方法	备注
A	润滑	润滑油箱中是否加了油？压力是否正常	目视确认	
B	异音	开动时有没有异常声音	听音确认	
C	夹紧	夹持基准面工作夹持座是否有松动	用手按压来确认	
…				

部位	日期																
	1	2	3	4	5	6	7	8	9	10	11	12	13	14	15	…	31
A																	
B																	
C																	
…																	

制表人：　　　　　　　　　　　　　审核人：

注：正常用"√"表示，不正常用"×"表示，通过维修由不正常恢复为正常用"△"表示。

171　处理巡检结果

对于生产设备巡检中发现的问题，企业在进行处理时要依问题的难易程度采取不同的方式。

1．一般经简单调整、修理可以解决的，由设备操作人员自行解决。

2．在巡检中发现难度较大的故障隐患，由专业维修人员及时排除。

3．对维修工作量较大，暂不影响使用的设备故障隐患，经车间机械员（设备员）鉴定，由车间维修组安排一级保养或二级保养计划，予以排除。

生产设备巡检要明确规定职责，凡是设备有异状，操作人员或维修人员通过定期巡检、专题巡检没有检查出的，由操作人员或维修人员负责。已巡检出的，由维修人员维修，而没有及时维修的，由维修人员负责。

172　设备交接手续办理

在多班制操作设备的情况下，生产经理应明确规定，在交接班时必须办理交接手续。该手续一般以操作人员口头汇报、班组长记录，或由操作人员记录、班组长检查的方式进行。所有记录都要登记在"设备交接班记录表"（见表9-10）上，以便相互检查，明确责任。

表9-10　设备交接班记录表

交接班时间：

班次：　　　　　　　　　　　　　　　　　　填表日期：＿＿＿年＿月＿日

设备名称		设备编号		型号／规格	
设备运行情况：					
保养情况：					
设备附属工具情况：					
注意事项：					

交班人：　　　　　　　　　　　　接班人：

设备交接内容与交接班标准的具体内容如下。

1. 设备交接内容

交班人员应将设备使用情况，特别是隐蔽缺陷和设备故障的排除经过及现状，详细地告诉接班人员，或在记录表内详细记载。接班人员应对汇报和记录进行核实，并及时会同交班人员采取措施，排除故障后方可接班继续工作。

2. 交接班标准

在交接班时，应达到下列四项标准。

(1) 风、气、水、油不漏。

(2) 油眼畅通，油质良好。

(3) 设备清洁，螺丝不松。

(4) 工具、附件等清洁、完整。

第二节　生产设备维护保养

173　生产设备日常保养

设备的日常保养工作由设备操作人员负责。对于普通设备，操作人员可利用每天下班前的一段时间进行保养；对于大型的、对精度要求较高的设备，保养时间可以延长一些。

生产设备日常保养的具体内容包括以下几个方面。

1. 设备日常巡检的事项。

2. 擦拭设备的各个部位，使设备内外清洁，无锈蚀、无油污、无灰尘和切屑。

3. 清扫设备周围的工作场地，做到清洁、整齐，地面无油污、无垃圾。

4. 设备的各注油孔位应保持正常润滑，做到润滑装置齐全、完整、可靠，油路畅通，油标醒目。

5. 设备的零部件、附件完整，安全防护装置齐全，工、量、夹具及工件存放整齐，不零乱。

设备日常保养的项目及对策如表9-11所示。

表9-11　设备日常保养的项目及对策表

编号：　　　　　　　　　　　　　　　　　　　　　　填表日期：＿＿＿年＿月＿日

程序	序号	要项	主要对策			
			清扫	给油	更换	复原
油压系统 1. 动作油压 ↓ 2. 动作油帮浦 ↓ 3. 控制阀 ↓ 4. 启动器	1	给油口是否有灰尘	○			
	2	油量标示或水平是否良好		○		
	3	水平标示或水平刻度是否清晰	○			
	4	油压槽是否有缝隙				○
	5	油槽内部、底部是否有污垢	○			
	6	动作油是否污脏			○	
	7	油量是否足够		○		
	8	油种使用是否有误			○	
	9	吸入滤器是否污脏	○			
	10	帮浦是否有异常声音				○
	11	帮浦是否会异常发热				○
	12	控制阀处是否漏油			○	○
	13	管接头处是否漏油			○	○
	14	启动器是否漏油			○	○
空压系统 1. 空压三接点 ↓ 2. 控制阀 ↓ 3. 启动器 ↓ 4. 排气部分	15	空气过滤器内是否有灰尘	○			
	16	注油器内的油是否污脏			○	
	17	注油器内的油的品质是否良好		○		
	18	注油器内的滴下情况是否正常		○		○
	19	控制阀处是否漏气			○	○
	20	管接头处是否漏气			○	○
	21	控制阀是否有异常声音			○	○
	22	控制阀的扣锁螺帽是否松脱				○
	23	启动器处是否漏气			○	○
	24	汽缸的螺钉是否松动				○
	25	排气管线是否堵塞			○	○

（续表）

程序	序号	要项	主要对策			
			清扫	给油	更换	复原
润滑系统 1. 给油口 ↓ 2. 油槽 ↓ 3. 配管 ↓ 4. 给油部位	26	给油口上是否有污垢	○			
	27	油量标示是否正常		○		
	28	水平标示指针是否清晰	○			
	29	油槽是否有裂缝				○
	30	油槽内是否污脏	○			
	31	油槽内的油是否污脏			○	
	32	油槽或管接头处是否漏油			○	○
	33	油量是否足够		○		
	34	油种是否使用错误			○	
	35	给油部位是否有灰尘、污脏			○	○
	36	配管是否堵塞	○			
	37	给油具是否污脏	○			
折动部 回转部 驱动部	38	折动部是否有脏物	○			
	39	折动部是否有凹陷、段差等情形				○
	40	折动部是否有异常声音			○	○
	41	回转部分是否有脏物	○			
	42	回转部的回转本体是否偏心			○	○
	43	回转部是否有异常声音				
	44	各接点的固定螺钉是否松脱				○
	45	V形转带、链带是否松弛			○	
	46	滑轮是否有异常声音			○	○
	47	齿轮是否有卡齿现象		○		
	48	桌面、柜面是否有破损			○	○
	49	桌面、柜面是否平稳			○	○

程序	序号	要项	主要对策			
			清扫	给油	更换	复原
电气系统	50	灯座（标示灯）是否污脏	○			
	51	灯座（标示座）的灯是否正常			○	○
	52	控制盘的门盖子是否正常			○	
	53	门、盖子缘的垫片、橡皮是否损坏			○	
	54	盘内的配线是否折断、卷曲、短路	○		○	○
	55	电路板是否弯曲、浮起、污脏	○			○
	56	各部位的固定螺钉是否松脱				○
	57	NC加工机的面板读取处是否污脏	○			
	58	开关是否有污脏	○			
	59	光电管上是否有污脏			○	
	60	计时器或继电器是已过保质期				○
	61	熔丝的接触是否松脱				○
	62	熔丝的绝缘情况是否良好			○	
治工具类 刀具类 测定器具	63	治工具是否污脏	○			
	64	治工具是否碰撞受损			○	○
	65	治具的精度是否良好			○	○
	66	刀具是否崩裂			○	○
	67	刀具的刀锋是否锋利				○
	68	测定器的精度是否精准			○	

制表人：　　　　　　　　　　　　　审核人：

174　生产设备一级保养

生产设备一级保养工作由操作人员进行，维修人员应辅助操作人员做好相应工作，具体的保养内容如下。

1. 清扫、检查电气箱、电动机，做到电气装置固定整齐，安全防护装置牢靠。

2. 清洗设备的相关附件及冷却装置。

3．按计划拆卸设备的局部和重点部位并进行检查，彻底清除油污，疏通油路。

4．清洗或更换油毡、油线、滤油器、滑导面等。

5．检查设备的磨损情况，调整各部件配合间隙，紧固易松动的各个部位。

6．制作一级保养卡（见表9-12），记录相关保养情况。

表9-12　一级保养卡

编号：　　　　　　　　　　　　　　　　　　　　　　　　　　填表日期：＿＿＿年＿月＿日

设备名称			设备编号	
一级保养者			督导者	
项次	保养项目	标准	保养周期	保养结果记录

制表人：　　　　　　　　　　　　　　审核人：

175　生产设备二级保养

生产设备二级保养工作主要由维修人员进行，具体的保养内容如下。

1．对设备进行部分解体检查和修理。

2．对各主轴箱、变速传动箱、液压箱和冷却箱进行清洗并换油。

3．修复或更换易损件。

4．检查、调整、修复精度，提高校正水平。

5．制作二级保养卡（见表9-13），进行有效记录。

表9-13　二级保养卡

编号：　　　　　　　　　　　　　　　　　　　　　　　　　　填表日期：＿＿＿年＿月＿日

设备名称		设备编号	
保养方式		1. 自行实施（　　）；2. 厂外实施（　　）	
责任部门		责任人	
保养周期			

（续表）

厂外实施单位		
项次	保养情况记录	保养费用

制表人：　　　　　　　　　　　审核人：

176　生产设备磨损的对策

生产设备在使用或闲置过程中会逐渐发生磨损而降低精度和使用寿命，生产经理在管理设备时要加以注意。设备磨损一般分为有形磨损和技术磨损两种。

对于无形磨损，只能通过更新设备（如购置新设备）的方法进行。对于有形磨损，则可以采取各种改善的方法来应对，具体内容如下。

1．做好设备清洁工作

清洁活动是减少设备磨损的重要工作。每天定时对设备进行清洁，能够及时发现各种问题并加以解决，以延长其使用寿命。

具体的清洁要点包括以下几个方面。

（1）对设备使用过程中产生的粉屑要随时清理。

（2）对滴漏、破损、残缺的部位要查找源头，不要试图用清扫来暂时应付。

（3）设备的里里外外，尤其是角落里、不易看到的地方都要进行清扫。

（4）各种电子元器件的表面要定期清扫，使其能有效散热。

2．开机前巡检

生产经理可设定一些简单易行的项目，制作"巡检一览表"。开动设备之前或在作业结束之后，操作人员应对"巡检一览表"进行确认，发现异常要及时报告。

3．定期更换易损件

在购入设备时，应购入一定数量的易损件。易损件的库存数量可参考设备供应商的推荐，也可根据自己的实际经验来确定。

对一些使用寿命较短的部件，不要等到其完全损坏才更换。从表面上看，部件用到临近报废才更换似乎节省了一些费用，但临报废之前所生产的产品则无法确保其品质，最终产生的浪费就很难确定。

4. 定期校正精度

设备累计使用时间一到，应立即校正精度。仅靠一次校正，并不能确保设备全过程的精度，生产经理在日常巡视监督时应重点留意，及时处理各种影响精度的异常情形。

177　对生产设备进行润滑

设备润滑是利用摩擦、磨损与润滑技术，使设备润滑良好，从而减少设备故障和磨损，提高设备利用率。生产现场设备润滑管理的重点是做好"五定"工作，具体内容如表9-14所示。

表9-14　设备润滑"五定"工作

序号	五定要求	具体说明
1	定点	根据润滑图表上指定的部位、润滑点、检查点，进行加油、添油、换油，检查液面高度及供油情况
2	定质	确定润滑部位所需油料的品种、品牌及要求，保证所加油质经化验合格。采用或掺配代用材料时要有科学根据。润滑装置、器具应完整清洁，防止污染油料
3	定量	按规定的数量对各润滑部位进行日常润滑，做好添油、加油和油箱清洗工作
4	定期	按润滑卡片上规定的间隔时间进行加油、清洗、换油，并按规定的间隔时间进行抽样检验
5	定人	按图表上的规定分工，安排工作人员分别负责加油、添油、清洗、换油，并确定负责抽样送检的人员

178　对设备运行进行动态监督

设备运行动态监督是通过一定的方法，使各级维护与管理人员能够实时掌握设备的运行情况，并据此采取相应措施。

1. 建立并完善生产设备巡检标准

对每台设备，应依据其结构和运行方式，确定其检查的部位（巡检点）、内容、正常运行的参数标准，并针对设备的具体运行特点，对设备的每一个巡检点确定具体的检查周期（一般可分为时、班、日、周、询、月检查点）。

在具体实施巡检时，生产管理人员应重点对表9-15中所列的事项进行监督检查。

表9-15　巡检注意事项

事项	具体内容	结果
电气方面	(1) 配线、接头部位有无龟裂、松垮、暴露、老化 (2) 各种信号、电压、频率发出装置，以及相关的输入、输出信号值是否正常 (3) 仪表盘指针游动是否正常 (4) 各种控制开关是否正常完好	
结构方面	(1) 各种定位柱（杆）、导向柱（杆）、紧固螺丝（栓）、铆接头、焊接处、粘接处，有无松脱、脱落、变形 (2) 材料表面有无氧化、龟裂、掉漆 (3) 滑动、滚动、旋转、传动部位是否缺少润滑，开动时是否有异常声音 (4) 各机械的动作时间、行程大小、压力、扭矩等是否符合要求	
环境方面	(1) 设备场所的温湿度、腐蚀性气体、光照度、电磁波干扰等是否正常 (2) 设备的地面水平、震动、通风散热等是否正常	

2．建立并健全巡检保证体系

生产岗位操作人员负责对本岗位使用设备的所有巡检点进行检查，专业维修人员要承包对重点设备的巡检任务。生产经理应根据设备的多少和复杂程度，确定专职巡检的人数和人选。专职巡检人员除负责承包重要的巡检点之外，还要全面掌握设备的运行动态。

3．完善信息传递与反馈

在进行现场巡视监督时，巡检人员要对发现的各种问题进行及时处理，处理不了的应与工程技术人员联系，并配合后续的检修工作。

179　分析设备故障产生的原因

预防就是要从源头上解决问题，因此生产经理应先了解设备故障产生的原因。通常而言，设备故障主要是因各种缺陷而导致的，具体类型及说明如表9-16所示。

表9-16 设备缺陷

序号	缺陷类型	具体说明
1	设计缺陷	包括结构上的缺陷，材料选用不当，强度不够，没有安全装置，零件选用不当等
2	制造加工缺陷	包括尺寸不准，加工精度不够，零部件运动不平衡，由多个功能降低的零件组合在一起等
3	安装缺陷	包括零件配置错误，混入异物，机械、电气部分调整不良，漏装零件，液压系统漏油，机座固定不稳，机械安装不平稳，调整错误等
4	使用缺陷	包括环境负荷和工作条件超过规定值，误操作，违章操作，零部件、元件使用时间超过设计寿命，缺乏润滑，零部件磨损，设备腐蚀，运行中零部件松脱等
5	维修缺陷	包括未按规定维修，维修质量差，未更换已磨损零件，查不出故障部位，使设备带"病"运转等

180 预防设备故障

设备故障的预防主要从以下几个方面着手。

1. 正确认识

生产经理要先了解设备的使用寿命，尽量维持设备的正常运行，同时做好设备的日常保养、巡检、润滑等工作。

2. 现场设备的预防

对设备故障进行预防，生产经理应注意掌握图9-2所示的要领。

使用前的预防

· 询问制造厂商有关设备使用说明，掌握一般的使用方法
· 从制造厂商处了解关于保养、点检的要领以及发生故障时的处理方法
· 询问设备不良时通知制造厂商的方法
· 准备保养所需的材料、物品

运转时的预防

· 遵守操作规程，通过清扫来发现缺陷
· 做好点检工作，发现异常后根据操作手册进行处理
· 做好日常的维护、保养和润滑工作
· 遇到无法解决的故障应立即通知制造厂商

图9-2 设备故障的现场预防要领

181 管理设备故障

设备故障日常管理是针对突发故障,采用标准程序的方法加以处理,具体可采取表9-17所示的方法。

表9-17 设备故障管理方法

序号	管理方法	具体说明
1	就近维修	可以给各班组配备一名维修人员,并就近在设备所在的班组进行实时监控,一旦发现设备异常,就要及时进行维修
2	使用看板	设置故障挂牌看板,一旦某设备发生故障,就立即挂上看板,既方便检修,又可避免设备被错误使用
3	错开时间	在对各种生产设备进行检修时,尽量在设备的停工期间(非正常工作时间)进行,以减少对工作时间的占用

182 修理故障设备

生产部遇到下列情况时须填写"维修申请书"或"维修报告书",向设备维修部门提出修理要求。

1. 发生了突发事故。

2. 日常巡检中发现了必须由维修人员排除的缺陷和故障。

3. 定期检查时发现的必须立即修理的故障。

4. 由于设备状况不佳,造成废品时。

对于设备的故障,应建立"设备故障记录卡"(见表9-18),以便下次机器出现问题时可追溯前面的情况,从而更容易对症下药。

表9-18 设备故障记录卡

编号: 设备名称: 设备编号:

故障类型	发生时间	处理方法	处理结果	修复时间	维修人	确认人

制表人: 审核人:

183 禁止设备异常操作

生产经理应对所有设备的操作程序做出严格的规定，禁止异常操作。

1．操作标准化

制定设备操作程序，并据此培训操作人员、维修人员、管理人员。同时要注意，只有当这些人员考试合格后才能让他们操作设备。

2．设置锁定装置

（1）通过计算机设定程序，或者在机械上设定异常操作锁定机构，使设备只能按正常步骤往下操作。

（2）操作键盘上设有透明保护盖（罩、护板），既可以看见动作状态，又可以起到保护作用，即使不小心碰到按键，设备也不会有失误操作。

3．明确非操作人员不得操作

向所有人员讲明"非操作人员，严禁擅动设备，违者重惩"，并在设备旁边竖一块明显标志以作提醒。

4．制定异常补救措施

预先制定各种异常操作后的补救措施，并对操作人员进行培训，一旦出现异常操作，能够使损失降到最低。

5．设备操作程序内容

（略，前面章节已介绍）

184 出具生产设备事故报告

如果生产过程中出现设备事故，生产经理应要求设备使用人员填写设备事故报告（见表9-19），以根据实际情况进行相应处理。

表9-19 设备事故报告

编号：   填写日期：＿＿年＿月＿日

设备名称		设备编号	
使用部门		操作/保养人	
事故发生时间		事故责任人	
事故发生原因：			

（续表）

事故造成损失：		
事故处理方法：		
设备现运行情况：		
直接主管意见： 签字： ___年__月__日	生产经理意见： 签字： ___年__月__日	行政部意见： 签字： ___年__月__日
备注：		

185　处理设备管理的薄弱环节

企业可通过以下两个方面来处理设备管理的薄弱环节。

1．凡属下列情况均为设备管理的薄弱环节

（1）运行中经常发生故障停机而经反复处理无效的部位。

（2）运行中影响产品质量和产量的设备或部位。

（3）运行达不到小修周期的要求，经常要进行计划外检修的部位（或设备）。

（4）存在安全隐患（人身及设备安全），且日常维护和简单修理无法解决的部位或设备。

2．对薄弱环节的管理

（1）应依据动态资料，列出设备薄弱环节，按时组织审理，确定当前应解决的项目并提出改进方案。

（2）组织有关人员对改进方案进行审议，确定后列入检修计划。

（3）对设备薄弱环节采取改进措施后要进行效果考察，提出评价意见，经有关领导审阅后存入设备档案。

186 推行全面生产维护

全面生产维护（Total Productive Maintenance，TPM）是由日本设备维护协会提出的，其要求无论是管理者还是作业人员都要参与到生产保养活动中。全面生产维护通过设备导向模式的管理，将现有设备最高效率地利用起来。

推行TPM的步骤如下。

1．管理层决定导入 TPM，建立 TPM 组织。

2．确定"5S"评定的内容。

3．TPM 的观念培训。

4．制定 TPM 方针和推行计划表。

5．效率化的个别改善，彻底分析并改善问题点。

6．实施自主保养活动，建立自主保养体制。

7．建立保养部门的计划保养体制，主要有以下几点。

——深入分析设备生命周期成本。

——制定自主保养的各项基准。

——明确自主保养和计划保养的责任。

8．对员工进行培训，提高操作和保养的技术水平。

9．建立保养预防体制，进行严格的评审，提高 TPM 的实施水平。

187 全面生产维护的内容

全面生产维护的内容如下。

1．初期清扫

（1）清除设备附近的灰尘和垃圾。

（2）现场诊断时，应排除灰尘和脏物等环境所造成的不利因素，找出缺陷并进行处理。

（3）点检方式包括眼睛看有无晃动；鼻子闻有无异味；耳朵听有无异常声音；用手摸有无发热或异常震动。

2．清扫困难场所

（1）消除垃圾、脏物的产生源头。

（2）改善不容易加油的部位。

（3）活用各种 QC 手法，以 5W1H 制定对策，并辅以 PDCA 的循环方式。

3．制定清扫和加油基准

（1）明确清扫和点检的重点。

（2）明确加油的重点。

（3）应由作业者讨论，共同制定，以利于实施。

4．制定点检教育手册，保证能够自主诊断

自主点检，制定检查表。对点检基准的讨论包括以下内容。

（1）项目能否减少。

（2）方法、内容能否改善。

（3）周期、时间能否缩短等。

5．进行整理、整顿

以团队活动为主对生产场所进行整理、整顿。

6．对问题迅速处理

迅速处理各种问题，彻底执行各阶段的活动计划，不能仅追求短期效果。

第十章　生产物料管理

导读 >>>

　　企业生产离不开各类物料，而生产部又是物料的主要消耗部门。因此，生产经理要从物料的领取、使用以及盘点各个方面管理好物料。

　　　　Q先生：A经理，昨天一名员工超领了物料，他既没有使用，也没有及时退回仓库，这就造成了物料的浪费，以后我该怎么避免这种情况的发生呢？

　　　　A经理：由此可见对物料的管理是多么的重要。作为生产经理，要从物料的领用阶段开始严格控制，尤其要严格控制物料超领。

　　　　Q先生：我发现在产品的生产过程中，物料浪费情况非常严重，但我不知道该怎样避免这种情况，您可以给我一些建议吗？

　　　　A经理：首先，你要明确物料的去向，有效应对物料分流，做好现场不良物料、不用物料、尾料的控制工作，同时做好盘点工作。

第一节 物料领取控制

188 确定物料领用手续

物料领用手续如下。

1. 明确领用、批准程序及责任人

生产经理应与仓库主管协调，明确物料领用程序，同时要明确以下几点内容。

(1) 需要领用的对象。

(2) 领用步骤及需要填写的表格。

(3) 不同职务的权限范围，主要是指可审批的对象及数量（金额）。

(4) 审批的时限。

(5) 领取方法。

2. 正确填写领用表格

物料使用部门或人员领用物料时应认真填写"物料领用表"（见表10-1），仓库主管查验"物料领用表"手续齐全后，应立即给予办理。"物料领用表"需要存档一段时期，以便在日后确认和平衡数据时使用。

表10-1 物料领用表

编号：　　　　　　　　　　　　　　　　　　　　　　　　领用时间：____年__月__日

领用部门			部门负责人			
领用人			领料人			
序号	物料名称	规格	单位	数量	备注	
生产经理意见			总经理意见			
仓管员核发		经办人		日期		

189 有效控制退料补货

生产经理如发现有与产品规格不符的物料、超发的物料、不良的物料和呆料时，应进行有效的控制，并进行退料补货，以满足生产的需要。

1．退料汇总：生产部将不良物料分类、汇总后，填写"退料单"（见表10-2）送至品质部IQC组。

2．品管鉴定：品管检验后，将不良品分为报废品、不良品与良品三类，并在"退料单"上注明数量。对于规格不符物料、超发物料及呆料退料，退料人员应在"退料单"上备注不必再经过品管，可以直接退到仓库。

3．退货：生产部将分好类的物料送至仓库，仓库主管根据"退料单"上所注明的分类数量，经清点无误，分别收入不同的仓库，并挂上相应的"物料卡"。

表10-2 退料单

编号： 　　　　　　　　　　　　　　　　　　　　　　　　填表日期：____年__月__日

品名	规格	物料编号	退回数量	单价	金额	原领料价格	该批实际物料价格
退料原因说明							

制表人： 　　　　　　　　　　　　　　审核人：

4．补货：因退料而需补货的，需开"补料单"（见表10-3），退料后办理补货手续。

表10-3 补料单

编号： 　　　　　　　　　　　　　　　　　　　　　　　　填表日期：____年__月__日

品名/规格	物料重量（数量）	补料原因	备注

仓管员： 　　　　　　审批人： 　　　　　　主管： 　　　　　　领用人：

5．账目记录：仓管员应及时将各种单据凭证入账。

6．表单的保存与分发：仓管员将当天的单据分类归档或集中分送到相关部门。

190　控制物料超领

生产现场不论何种原因需追加领用物料时，必须由相关人员填写"物料超领单"（见表10-4）方可领料，并要注明超领物料所用的生产指令号码、批量、超领物料编号、名称、规格及超领数量、超领率，并详细阐明超领原因。

表10-4　物料超领单

编号：　　　　　　　领用部门：　　　　　　　　　　　　　填单日期：＿＿年＿＿月＿＿日

生产指令号：　　　　　批量：

超领物料编号	名称	规格	超领数量	超领原因	超领率

制表人：　　　　　　　　　　　　审核人：

仓管员：　　　　　　　　　　　　领料员：

注：本单一式四联，第一联由生产部自存，第二联交仓库留存，第三联交生产部领料员留存，第四联交财务部留存。

1．超领原因分析

（1）原不良品补料（即上线生产时发现物料不良，需追补）。

（2）作业不良超领（因生产作业原因造成物料不良，需超领）。

（3）下道工序超领（因下道工序超领物料，导致本道工序追加生产数量，需追加领料）。

（4）其他突发原因。

2．超领权限规定

（1）确定可领用数量。

单位产品用量及损耗率依"产品用料明细表"确定。

可领用数量＝生产指令批量×每单位产品用量×（1+损耗率）

（2）超领率低于1%时，由生产经理审核后方可领用物料。

（3）超领率大于1%而小于3%时，由生产经理审核后，转生产部物控人员审核通过后，方可领用物料。

（4）超领率大于3%时，除上述人员审核外，需经生产副总审核通过后方可领用物料。

第二节　物料使用管理

191　清楚物料去向

物料搬运到生产现场投入使用，究竟用在何处、用了多少，生产经理都必须要弄清楚。通常，物料会因为分流而无法查实，因此生产经理应明确了解物料分流的常见情形，具体如表10-5所示。

表10-5　物料分流情形

序号	分流原因	具体情形示例
1	不良品修理	例如，修理人员从工序内取走用于不良品替换的物料未记录；不良品已从生产现场清退给前道工序，但未及时记录
2	解析不良品，设定样品	有的技术人员为了解析不良品，从工序内直接取走物料，没有及时记录；有的质管人员为了设定样品，从工序内直接取走物料，没有及时记录
3	作业途中遗失	作业人员在搬运、组装的过程中不小心遗失物料，且没有取回
4	使用地点转移	例如，生产结束后，剩余的物料被退回到前道工序或转移到其他部门使用，没有及时记录
5	设备调整时精度验证	例如，印刷设备，为了定位、定色，需耗费一定数量的物料进行调整，如果预先没有设置调机物料，那么势必会导致产出不足的后果
6	其他原因	如发生地震、火灾、盗窃事件等不可抗力所造成的损毁

192　应对物料分流

对于物料分流，企业可以采取以下措施。

1. 非正常生产所需的物料，尽量从仓库领取，而不是从生产现场领取。

（1）如品质部定期做各种破坏性试验所用的物料，能再生使用的少之又少。如果直接从生产现场领取物料的话，破坏性试验做得越多，造成生产现场物料数目的差异就越大。

（2）无特别时限要求的技术解析所需要的物料，要从仓库领取。

2．制作"物料去向一览表"（见表10-6），实施现场分流追踪。

（1）领用人领取物料前，须向物料管理员申请。物料管理员一般为现场初级管理人员，如拉长、组长等。

（2）物料因故无法归还时，由领用者签字证明，物料管理员以此为凭证，向前道工序补回同等数量（必要时）的物料。

（3）设定审批权限。相应级别的人，拥有相应的数量审批权，绝不允许"小"批"大"。

（4）定期盘点，核销差异数目，平衡账目。

表10-6　物料去向一览表

编号：　　　　　　　　　　　　　　　　　　　　　　　　　填表日期：____年__月__日

序号	日期	物料编号	品名	数量	用途	领用人	备注

说明：
（1）企业应于每月月底统计一次，核销差异数目
（2）使用者必须向物料管理者做出口头声明，由管理者做相关记录
（3）如果物料没法归还，使用者要亲笔签名留底
（4）每次超出10件以上的，需由主管签字确认

制表人：　　　　　　　　　　　　　审核人：

3．当日不良品清理

当不良率上升时，分流到修理工序的替换物料随之增加，除了要设法当日修理完不良品外，还要设法清退不良物料，否则账面上还会显示生产现场拥有的该物料为良品，物料部门则会拒绝多出的物料。事实上，不良品多发时，如果不增大投入（在线库存），生产计划就可能无法完成。

4．及时记录和消除不同生产部门之间转用物料的数目

"多品种小批量"的生产体制本身就意味着要频繁切换机种。机种切换后，前一个机种剩余的物料，通常要转移给另外一个生产部门，或者退回到仓库。移动前需将手续予以完备，特别是交接双方的确认，并在"物料移动表"（见表10-7）上签字。

表10-7　物料移动表

TO：生产部
CC：仓库
编号：　　　　　　　　　　　　　　　　　　　　　　　　填表日期：____年__月__日

序号	编号	品名	数量	移动日	移动场所	备注

说明：
(1) 需有双方主管的签名才有效
(2) 需注明转移的具体时间，计算机系统按此时间记录

制表人：　　　　　　　　　　　　　审核人：
主管员：　　　　　　　　　　　　　责任人：

5．制定相应的奖惩制度，防止人为遗失、损毁物料

事实上，几乎没有人故意将物料遗弃不用，或者故意损毁，如果确实出现了这种状况，多数是因为当事人不了解实情造成的。如果公开表示节约物料者将受到奖励，那么将帮助作业人员树立起珍惜物料的意识。

6．采购物料时，预留合理损耗量

设定损耗量时，生产经理要考虑以下要点。

(1) 以往损耗的实际情况是怎样的。

(2) 最近一次盘点，库存还剩多少。

(3) 有没有不良品"躲藏"起来仍未处理的。

(4) 是否正在展开降低物料损耗的改善活动。

193　处置现场不良物料

生产中发生不良物料时，生产现场应按返交不良品的方法与仓库交涉，仓库则依据生产现场开具的物料返库单进行处理，具体的步骤和方法如下。

1．生产现场开具物料返库单和不良物料单。

2．将物料返库单和不良实物一起交品质部 IQC 检验。

3．IQC 区分不良物料是属于自体不良还是作业不良后签字。

4．从生产现场领回物料返库单和检验的不良实物，交到仓库。

5．仓库依据物料返库单补发相应的物料给生产现场。

6．仓库将自体不良的物料返退供应商，将作业不良的物料实施报废。

7．仓管员将有关数据记录、入账。

194　应对物料不用的情况

对于不用的物料，企业可采取以下措施。

1．设置暂时存放区

对同一生产线（机台）来说，如果几个机种在很短时间内需要来回切换，剩余的物料在仓库与生产现场被使用，搬运成本就会居高不下。因此，不妨在现场划出一块地方，标注明显标志，将所有暂时不用的物料封存好后放置到该处，具体要求如下。

（1）只有小日程计划生产的物料才可以在暂时存放区摆放。

（2）虽然小日程计划里有生产安排，但是数量多、体积大，或者是保管条件复杂的物料，应该退回仓库进行管理。

（3）不管是现场保管还是退回仓库，都必须保证剩余物料的品质不会有任何劣化。

（4）中日程或是大日程计划里才生产的物料应该退回仓库进行管理。

2．机种切换前物料全部"清场"

从第一个生产工序开始，回收所有剩余物料，包括良品和不良品。点清数量后，放入原先的包装袋（盒）中，用标贴纸加以注明，然后放置到暂时存放区。若不良品不能及时清退时，良品与不良品要分开包装，不良品还应多加一道标志。物料清场要注意以下事项。

（1）要特别留意修理工序上的备用剩余物料。如不仔细追问，修理人员是不会主动上缴这些物料的。

（2）是否有短暂外借给其他部门的物料，如果有，要设法尽快追回或约定返还日期。

（3）有无跌落在地面上的小物料，或是停留在设备夹缝里的物料。

（4）在旧物料清场的同时，不要派发新物料，除非相关作业人员对工序已经十分熟悉。

（5）如有残留在机器内部的物料，必须彻底清出。

3．其他要求

需要暂时存放的物料同样也要遵守"先来先用、状态良好、数量精确"的原则。

（1）用原包装盒（袋、箱）再封存起来。如果原包装盒（袋、箱）破损，可以用保鲜薄膜或自封胶袋处理，确保防潮、防虫、防尘。

（2）要留意有无保质期限要求的物料，若有，则要考虑有无暂存的必要。

（3）如有可能，机种切换后，前一机种的不良品要立即清退给前道工序。

（4）暂时存放的各种标志要确保设置明显。

（5）下次生产需要时，要优先使用暂时存放区处的物料。

（6）封存后的物料也要定时巡查，以防不测。

195　控制部件先行

部件是指组成产品的装配单元，常由若干个零件组成。一个产品常常是由若干个部件组成的。相对而言，精密、复杂的产品，其部件在产品中的组装顺序不同，因此部件之间存在着"领先时差"，太快或太慢都会影响前后工序的正常衔接。

1．部件与总装线的关系

部件与总装线之间有三种基本关系存在，即顺次连接、中途插入、间接中途插入。如果生产计划只是针对总装线而制定的，那么部件的生产活动往往要领先于总装线，部件所需的物料则应提前准备好。

2．部件先行控制要点

在进行部件先行控制时，企业应注意把握表10-8所示的要点。

表10-8　部件先行控制要点

序号	控制要点	具体说明
1	控制作业工时	不同的部件，其作业工时是不一样的，我们要根据部件本身的作业工时来确定具体投入的时间
2	了解总装线开动时间	作为部件的前工序，要紧紧盯住总装线的需求，什么时候需要多少，就准时提供多少
3	掌握以往的延迟状况	翻查以往记录，设备的平均修复时间可以作为部件需要先行的时间
4	了解部件和成品的不良率	当不良原因难以立即查明时，通过加大投入的方法来确保出货。不论是总装工序还是部件工序，不良率居高不下的话，意味着部件先行量也要加大
5	确认部件品质是否发生变化	在未装成整机前，要确认部件的品质是否会发生变化。若有，则要计算每一个部件的产出时间和使用时间
6	装载工具是否足够	确定装载工具是否足够，避免前后工序因装载工具短缺而发生事端

196　处置产品扫尾时物料

产品扫尾时物料处理的方法如下。

1．转换生产机种的物料处理

由于转换生产机种的物料处理主要由生产现场负责进行，必要时应要求仓库配合，具体方法如下。

（1）生产现场负责实施物料的撤除和清点等工作。

（2）对于在生产线上的剩余量比较多的物料，生产现场可以申请入库管理。

（3）仓库把申请入库的物料放置在机动区，待下次生产时优先发出。

（4）对于申请入库的物料，一般不实施入账管理。

（5）对于产生的不良品同样实施入库，按不良品管理。

2．完成订单批量的物料处理

生产中每完成一张订单的批量时，需要进行物料的扫尾工作，该工作需由仓库和生产现场合作进行，具体方法如下。

（1）生产现场负责实施该批量全部物料的撤除和清点等工作。

（2）将所有在生产线上的剩余物料列出清单，按剩余物料申请入库管理。

（3）仓库对申请入库的物料进行 IQC 检验。

（4）将检验合格的物料实施入库管理，将不合格物料按不良品处理。

（5）仓库统计该批量生产物料的损耗情况，并制定报告书。

（6）对可入库的物料要实施入账管理。

（7）对于完成制作的不良品同样实施入库管理，但要按不良品管理。

3．产品生产结束的扫尾方法

产品生产结束是指该产品已没有生产计划或订单，并且在今后比较长的时间内不会再生产的产品。我们应对这类产品实施彻底扫尾，具体方法如下。

（1）生产现场负责实施该产品全部物料的撤除和清点等工作。

（2）将所有在生产线的剩余物料列出清单，按剩余物料申请入库管理。

（3）仓库对申请入库的物料进行 IQC 检验，并对检验合格的物料按通用物料和专用物料进行分类。对通用类物料实施入库管理，入账后等待重新使用。对于专用物料，待其入库后放置在机动区保管，保管一年后若仍派不上用场的，则实施报废处理。

（4）经 IQC 检验不合格的物料按不良品处理。

（5）仓库统计该产品生产物料的损耗情况，并制定报告书。

197 了解常见剩余物料产生的原因

剩余物料产生的原因有以下几点。

1．错误采购。

2．在采购实施后、生产开始前，因发生设计变更导致物料派不上用场。

3．供应商随批量供货的附加损耗物料。

4．因设计用量偏大、实际用量较少而多出的物料。

5．采购部门为预防物料损耗或贪图廉价而多采购的物料。

6．生产部因改进工艺、提高技术而节约的物料。

7．因取消出货计划而停止生产所积压的物料。

198 处理常见剩余物料

生产经理要想方设法利用剩余物料，并且尽可能提高其利用价值，具体处理方法如下。

1．生产部负责实施该产品全部物料的撤除和清点等工作。

2．所有在生产线的剩余物料要列成清单，按剩余物料申请入库管理。

3．仓库对申请入库的物料进行 IQC 检验。

4．检验合格的物料为通用物料和专用物料时，对通用物料实施入库管理，入账后等待重新使用；专用类物料入库后放置在机动区保管，保管一年后如仍派不上用场的，则实施报废处理。

5．IQC 检验不合格的物料按不良品处理。

199 处理生产中的剩余物料

生产中的剩余物料是因工作失误、改进工艺、发生设计更改和计划改变等原因而导致的，在预定的计划期内无法再使用的物料。这些物料是现实存在的，但是基本上不会使用。对于这些物料的处理方法如下。

1．型号、规格相同的剩余物料可以申请按通用物料互用。

2．型号、规格相近的剩余物料可以申请按特采物料使用。

3．不能使用的物料要与供应商联系，看是否能协商退回。

4．比较贵重而无法处理的物料，先保管一段时间，看以后是否有使用的机会。

5．对于不易保管、基本不会使用到的物料，实施报废处理。

200　了解特采物料的不同情形

特采是指物料经检验后，其质量低于企业要求的水准，但由于生产的特殊原因而允许"特别采用"的情况。通常情形下，物料管理中要尽量减少特采情形。

由于特采物料的质量不能达到正常水平，所以生产经理必须严格区分是否可以特采的各种情形，具体如表10-9所示。

表10-9　可特采与不可特采的情形区分

序号	内容	具体说明
1	可特采	（1）生产过程中很容易发现并排除的判退原因 （2）有轻微或次要缺陷，但不影响产品功能且不在产品表面位置 （3）有严重、安全等缺陷，对产品功能有重要影响，但可以通过重新全检或挑选后使用，且与供应商协商沟通好条件，经确定可特采后再安排人员挑选使用 （4）原材料计量值管制特性的 CPK 值比目标值稍少，但不影响产品的关键特性
2	不可特采	（1）规格完全不符或送错来料 （2）出现以上严重缺陷，且在后工序工作及制程中不易发现的来料 （3）新供应商来料，且为本企业产品生产的关键原料 （4）有一种以上主要缺陷且在整批物料中普遍存在的来料 （5）该供应商送来的物料存在与同类型物料相同的客户投诉问题并且存在的缺陷也类似

201　处理特采质量问题

对于特采质量问题，企业可参考如下方法进行处理。

1．生产现场人员发现的质量问题处理

生产现场人员发现的问题通常都是表面的问题，如外观不洁、装配不上、装配不方便、颜色差异等。我们可将这些问题分为原部件可以拆分和原部件不可拆分两种，具体的处理要点如表10-10所示。

表10-10　部件质量问题的处理

序号	部件类型	具体处理要点
1	可以拆分部件	（1）发现有问题时拆出来，并用不同颜色的箱子或筐单独存放 （2）生产经理定期将拆出来的部件（每半天或每天）收集好，统一退还到仓库，或送维修，不能维修的由采购人员退回给供应商 （3）在物料转移时注意标明物料的批号

（续表）

序号	部件类型	具体处理要点
2	不可拆分部件	（1）将整个半成品或成品用不同颜色的箱子或筐单独存放 （2）生产经理直接将其退还仓库，由仓库统一做废品处理

2．PQC人员发现的品质问题

生产现场的PQC人员发现的问题通常都是相对较专业的品质问题。PQC人员在对这些问题进行分析后，还会做出判定，以确定是否需要返工或全检，所以大部分物料的问题都应反映在作业人员身上。

生产经理应对所发现的质量问题进行及时处理，并将各种质量数据统计好。此外，还要对所有的数据进行分析，以便记录供应商的交货品质。

202 生产辅料安排专人负责保管

安排专人负责保管，即指定专职管理人员负责订购、保管、派发、统计等工作。辅料的传统派发方法是由生产现场派人到仓库领取，即坐等式。因为采取这种方式的领取手续烦琐，所以现在改为送货上门，即将当日所需的辅料预先放在小推车上，由送货员定时、定点送料，有需要的作业人员便可及时得到辅料。送货上门式派发辅料有以下优点。

1．直接供给生产工序，避免各个生产现场（生产线）持有在线库存，变多头管理为专人管理。

2．节省直接生产人员的工时，避免现场出现为领取辅料而离岗的现象。

3．可增进辅料管理者对辅料用途、使用工序的了解，同时起到监督、检查的作用。

4．减少辅料（在现场）占用的空间。

每件产品到底要用掉多少辅料，每个月要用掉多少，必须进行计算，绝不可抱持"多领一些也不碍事"，或者是"先用了再说"的态度。

生产部要统计单件产品的实际消耗量（也可统计月耗量），然后根据生产计划事先购入相应的数量。当然，辅料也要设定最低安全在库数。用量一旦确定，生产便要严格实行定额管理。

203　定期统计辅料台账

对于每一种辅料，我们都要设置台账进行管理，有了台账，可随时了解辅料的进出情况。

每个月或每周生产经理都要对进出数据进行统计和分析，从中可以发现一些规律，如同样一种辅料，为什么甲乙两个部门的使用量相差较大呢？也许产量不同，也许使用机种不同，也许管理水平不同等。辅料进出台账如表10-11所示。

表10-11　辅料进出台账

编号：　　　　　　　　　　　　　　　　　　　　　　　　数量：

名称：　　　　　　　　　　　　　　　　　　　　　　　　日期：____年__月__日

入 库 栏				出 库 栏					
日期	来源	数量	订单号	日期	去向	数量	领用人	剩余量	责任人
说明	(1) 每次进出库都及时记录 (2) 每月盘点一次，核对账面和实数的差异 (3) 除"领用人"一栏需领用人签名之外，其他栏目由辅料管理员填写								

制表人：　　　　　　　　　　　　　　审核人：

204　简化辅料领取手续

简化辅料领取手续的内容如下。

1. 辅料管理台账

辅料管理台账包括新领和更换（以旧换新）两种。新领辅料管理台账要有生产经理和仓库主管的批准，更换辅料管理台账则只需要退还用剩的残壳，如外包装盒（袋、箱）等物，无须上司确认。

2. 设立辅料领用表

"辅料领用表"示例如表10-12所示。

表10-12 辅料领用表

编号：_____ 申请部门：_____ 日期：_____年__月__日

辅料名称	需要数量	申请人	上司确认

说明：（1）该表由申请人填写，经上司确认后，交仓库收回存底备查
（2）职务为主管以上的人员，才有权力审批新辅料
（3）若增加使用数量，则视为新领

制表人： 审核人：

205 辅料以旧换新

明确领取和更换条件后，生产经理对以旧换新的辅料设定更换样品，让使用者都知道，既不能"以优充次"，能用的故意不用，也不能"以次充优"。下例是某公司的辅料以旧换新方法说明，供读者参考。

【实用案例】

××公司辅料以旧换新方法说明

名称： 数量： 型号： 日期：_____年__月__日

项目	更换方法	备注
胶水类	（1）用完后，保留原罐，以旧换新 （2）用小容器细分，按实际用量，发够一天所需用量	
油脂类	（1）用完后，保留原罐，以旧换新 （2）辅料小车定时推过，不足时，及时添加	
烙铁头	以坏换新	
手套	每次发放两对，以旧换新	约每周一对
电池	QC检查人员每人两对，其他人一对，用尽后在底部打叉，以旧换新	每对约使用17个小时

（续表）

说明	（1）以上辅料如要增加使用量，也要重新申请 （2）严禁人为破坏，借此以旧换新 （3）更换时无须签字或盖章，由辅料管理者记录消耗数量 （4）本部门主管定时巡查，如发现有多余，一律上交

206　完善辅料报废手续

完善辅料报废手续应明确规定用完的辅料（如残渣、壳体）不能随便扔进垃圾堆里，而应按相关规定进行处理。更换时，要出示用剩的残物（如包装盒、包装袋），这样做除了可以简化更换手续外，还有以下作用。

1．可防止再次冒领。例如，不能出示旧残物，便不能得到新的物料，或只能通过申请才可得到。

2．可以按统一标准确认损坏程度，防止错误判定。预先设定样品的话，更换人可以参照样品判定，避免误差。

3．有些残物要特殊对待，不能做一般生活垃圾处理，如一节碱性电池抛在自然环境中时，足以污染60平方米的地下水。因此，有的辅料要深挖掩埋，有的要交由专业公司处理，总之要考虑避免污染环境。

4．有的辅料可变卖出去，化废为宝，创造二次效益。

5．可以核对进出数量有无差异。

相关人员执行3~4项时，应填写"辅料废弃申请表"（见表10-13）。

表10-13　辅料废弃申请表

编号：　　　　　　　　　　　　　　　　　　　　　　　　日期：___年__月__日

名称	型号	数量	废弃理由	经办人	认可人

制表人：　　　　　　　　　　　　　审核人：

第三节　物料使用状况分析

207　了解物料使用统计内容

要想做好物料使用状况的分析，生产经理应先做好物料使用的统计工作。物料使用统计是指对某一订单、某一产品或某个部门的物料用量的多少进行统计。它是生产经理掌握生产成本、了解物料去向的关键性工作。物料统计的内容如表10-14所示。

表10-14　物料统计的内容

序号	类型	具体说明
1	日常物料使用统计	以统计台账的形式记录各车间、各订单的物料使用情况，它可以清楚地记载每天的用料，并且成为今后查核有关数据的原始依据
2	各部门物料使用统计	统计各部门在不同时期所消耗的物料，这对于各部门的物料核算、物料控制工作具有重要意义
3	订单物料使用分析	将某一订单各种产品的物料消耗进行统计，以掌握该订单的物料消耗成本，进而计算其利润，为企业营销决策提供分析资料
4	单一产品物料消耗统计	每一种产品都要消耗很多种物料，对其生产过程中所消耗的全部物料进行统计，可以清楚地掌握某种产品的物料成本
5	各类型产品物料统计	对企业的各类型产品所使用物料的情况进行统计，为产品的大量生产提供决策依据

208　订单核算法统计物料使用情况

订单核算法是以订单为主线，将该订单所有产品的全部物料的使用情况进行统计，它的主要作用是掌握某一订单的物料使用情况，进而计算出该订单的物料成本。订单核算的物料项目要力求全面，统计要力求准确。"订单物料使用统计表"如表10-15所示。

表10-15 订单物料使用统计表

编号：　　　　　　　　　　　　　　　　　　　　　　　日期：＿＿年＿月＿日

物料类别	物料名称	料号	型号规格	单位	领用次数与领用数量								合计	总金额	备注
					1	2	3	4	5	6	7	8			
五金件															
电子元器件															
塑胶材料															
包装材料															

主管员：　　　　　　　　　　　　　　　　　　统计人：

209 部门综合法统计物料使用情况

部门综合法是对生产各部门、各车间所使用的全部物料进行综合统计。采取该方法统计物料可以反映出部门的物料消耗情况和企业的总物料消耗量。进行部门综合物料消耗统计要注意分类清楚，避免因综合统计就将各类物料混为一谈，具体可使用"车间物料使用统计表"（见表10-16）。

表10-16 车间物料使用统计表

编号：　　　　　　　　　车间：　　　　　　　　　月份：
料别：　　　　　　　　　料名：　　　　　　　　　型号：
规格：　　　　　　　　　单位：　　　　　　　　　适用产品：

制令号	产品名	产品规格	生产数量	标准用量	实际用量	用量差异	备注

制表人：　　　　　　　　　　　　　审核人：

210 台账法统计物料使用情况

台账是一种物料使用的流水账，其详细地记录了发生在每一天、每一个部门的所有物料的领用和使用情况，是物料记录最全的一种账簿，也是进行其他物控分析工作的基础。"产品物料使用统计表"（采骼台账）如表10-17所示。

表10-17　产品物料使用统计表

编号：　　　　　　　　产品名：　　　　　　　产品代号：
日期：___年__月__日　　产品规格：　　　　　　产品型号：

| 订单号 | 生产数量 | 料别 | 料名 | 料号 | 规格 | 型号 | 单位 | 计划用量 | 使用登记 | | | | | 使用合计 |
									1日	2日	3日	……	31日	

制表人：　　　　　　　　　　　　　审核人：

211 对比法分析物料使用情况

对比法是一种简单、直观的物料分析方法，它通过对比、分析，发现物料使用差异，分析差异存在的原因，进而找到改进措施，这也是物料使用统计的目的。"车间物料消耗对比分析表"如表10-18所示。

表10-18　车间物料消耗对比分析表

编号：　　　　　　　　车间名：　　　　　　　月份：

| 订单号 | 生产数量 | 料别 | 料名 | 料号 | 规格 | 型号 | 单位 | 计划用量 | 使用登记 | | | | | 使用合计 |
									1日	2日	3日	……	31日	

制表人：　　　　　　　　　　　　　审核人：

212　进行超计划用料报告与分析

"超计划用料报告表"（见表10-19）是对物料使用过程中的超计划用料或超计划申请领料的情况进行统计。生产经理必须对统计员所递交的各种分析报告进行审核，并进行简要的分析说明。"产品物料利用率统计分析表"如表10-20所示。

表10-19　超计划用料报告表

编号：　　　　　　　　　　　　　　　　　　　　　　　　　日期：＿＿年＿月＿日

序号	领用料名称	领用料编号	型号规格	领用数量	单位	计划数量	超领数量	超计划原因	发放情况	说明

主管员：　　　　　　　　　　　　　　　　　　　　　　统计员：

表10-20　产品物料利用率统计分析表

编号：　　　　　　　　　　　　　　　　　　　　　　　　　日期：＿＿年＿月＿日

料别	料号	料名	规格	型号	标准利用率	实际利用率	差异	差异原因

制表人：　　　　　　　　　　　　　　　　审核人：

213　物料异常分析工作

"物料异常报告表"（见表10-21）由物料消耗统计员或作业人员、仓管人员填写、汇总，并进行分析和处理。

表10-21　物料异常报告表

编号：　　　　　　　　　　　　　　　　　　　　　　　　日期：＿＿年＿月＿日

事由：
异常发生部门：
异常发生详情：
导致结果：
解决方法：

主管员：　　　　　　　　　报告人：

214　分析物料消耗定额执行情况

　　企业的物料消耗定额，通常都是根据不同的物料品种，按照单位产品来计算的。因此，分析消耗定额执行情况时也需要区分物料品种。企业可以应用实物量度和价值量度两种方法对消耗定额进行分析比较。首先是将实际单耗（单位产品使用量）与消耗定额相比较，如果实际单耗小于消耗定额，则表明企业在生产中节约了原物料。反之，则表明企业在生产中浪费了原物料。

　　由于实际单耗的升降而引起的物料节约（或超支）额可以用以下公式来计算：

物料节约（或者超支）额 ＝（消耗定额－实际单耗）×实际产量

　　用上述方法来分析消耗定额的执行情况，是需要按照每种物料来进行的。但在实际工作中，物料品种是非常复杂的，尤其是辅助物料。如果都要逐一加以分析，势必会增加工作量，而且有些物料的使用数量很少，在产品成本中所占比例也很小，因此没有必要逐一进行分析。因此，在实际工作中，只有对那些消耗数量多、在产品成本中所占比例大的主要物料才采用上述方法来进行分析。对于那些消耗数量少、在产品成本中所占比例小的次要物料，可以合并起来，按照金额来计算其单耗，然后再与计划定额相比较。

消耗与消耗定额之间的差异大都是在生产过程中形成的，因此企业必须联系产品生产的工艺过程，深入调查研究，采取适当措施，不断降低物料单耗，以求用同样数量的物料生产出更多的产品。

215 分析物料利用率

物料利用率反映出物料的利用程度。物料利用率越高，意味着用同样数量的物料可以生产更多的产品。物料利用率通常可以用以下两种方法来表示。

1．用产品中所含物料的净重量占其使用物料重量的比例来表示

该方法的计算公式为：

$$物料利用率 = \frac{产品所含物料}{产品使用物料} \times 100\%$$

物料利用率的数值越大，表明物料的有效利用程度越高。如果能达到100%，则表示投入生产的物料全部得到了有效的利用。

2．用一定的物料消耗量所生产的产品数量来表示

该方法的计算公式为：

$$物料利用率 = \frac{本期物料生产产量}{常规物料生产产量} \times 100\%$$

上述物料利用率的数值越大，表明一定数量的物料能够生产的产品越多。

对于物料利用率的分析，一般是将本期的实际利用率与计划、上期或同类型企业的物料利用率相比较。通过比较，找出差距和原因，制定措施，加以改进。

第四节 生产物料盘点管理

216 物料盘点方式

生产物料盘点方式如图10-1所示。

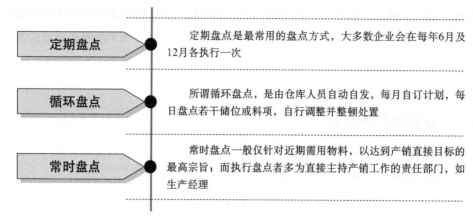

图10-1　生产物料盘点方式

217　物料盘点的执行步骤

凡是涉及组织性的管理工作，大家都要注意采用科学的方法循序进行。关于物料盘点的执行步骤如下。

1．确定盘点主持人

盘点主持人一般由仓库主管担任，但因为生产部是企业物料消耗最大的部门，生产经理也可担任盘点主持人。生产经理主持盘点，可以直接了解物料库存情况。

2．盘点计划阶段

一般而言，盘点计划多在复盘日的一个月前就要拟订并发布。例如，预定6月26日~6月30日为复盘日（一般人所称的"大盘点"，专指复盘而言），那么5月31日前就要确立盘点计划。只有这样，才可以要求仓库人员做好预盘，以便复盘的完美执行。同时，要求生产现场人员在复盘的多少日以前调整生产作业，渐渐达成"净空"水准，以利于盘点（因为在制品是最不容易计价的）。

3．预盘阶段

预盘不限于仓库人员，而应该扩大到生产现场，因为生产现场难免仍有在制品。原则上，半成品、余料以及成品，在盘点前最好已经回缴仓库（但是有些企业则仍留在现场待盘点），当然也有一些"生财器具"同样要盘点。

此外，采购与托外加工主办人员也不可能置身事外，因为很可能仍有一些模具等"生财器具"在外。当然，也有一些物料送出托外加工，仍留在外托加工企业内，这也是企业的资产，同样应列入盘点范围。

4．复盘阶段

复盘工作较为单纯，是根据预盘阶段的"物料盘点表"（见表10-22）进行复查。复盘者可以要求被盘者逐项将料品卸下，深入清点，再将实际状况填入"物料复盘表"有关栏目内。另外，复盘者应将"物料盘点表"一联送交盘点主持人。

表10-22 物料盘点表

编号： 日期：___年__月__日

物料盘点表					
品类代号			简称		
料号					
品名					
规格					
计量单位			应有预盘量		
预盘	日期		盘点人		
	实盘量		盘盈（损）量		
复盘	日期		盘点人		
	实盘量		盘盈（损）量		
存料状态	□良品G □不良品B □呆料D	备注			

5．结算与检讨阶段

经过复盘后，相关人员将实际资料（包括差异）呈交盘点主持人，一方面由财务部门执行结算（包括调整及计价），作为编制财务报表的依据；另一方面由盘点主持人召开检讨会议，针对料账差异较大的状况进行深入检讨，筹谋日后防治的方法，同时也应检讨呆料与不良料品的及早处理对策。

218　盘点差异原因追查

在盘点过程中，如发现账物不符的现象，生产经理应积极寻找产生账物差异的原因，同时做好预防及修补改善工作，防止差异的再次发生。对于差异原因的追查，生产经理可从下列项目着手进行。

1. 账物不一致是否属实，是否因料账处理制度有缺陷而造成料账无法反映物料数目的情况。

2. 是否有盘点人员不慎多盘或将分置数处的物料未细心盘点，或盘点人员事先培训工作不全面而出现盘点错误的现象。

3. 对盘点的原委加以检查，盘盈、盘亏是否是由于盘点制度的缺陷而造成的。

4. 盘点与料账的差异在容许范围之内。

5. 发现盘盈、盘亏的原因，看今后是否可以事先设法预防或能否缓和账物差异的程度。

219　盘点差异处理

企业可以从以下几个方面来处理盘点差异。

1. 修补改善工作

(1) 依据管理绩效，对分管人员进行奖惩。

(2) 对料账、物料管制卡进行账面纠正。

(3) 若收料不足，则迅速办理订购。

(4) 对呆料、废料进行迅速处理。

(5) 加强整理、整顿、清扫、清洁工作。

2. 预防工作

(1) 呆料比率过重，宜设法研究，致力于降低呆废料。

(2) 存货周转率极低，因存料金额过大造成财务负担过大时，宜设法降低库存量。

(3) 物料供应不继率过大时，设法强化物料计划与库存管理以及采购的配合。

(4) 料架、仓储、物料存放地点足以影响到物料管理绩效，宜设法改进。

(5) 成品成本中物料成本比率过大时，应探讨采购价格偏高的原因，设法降低采购价格或设法寻找廉价的代用品。

(6) 物料盘点工作完成以后，应对差额、错误、变质、呆滞、盈亏、损耗等分别予以处理，并防止再次发生。

第十一章　生产质量管理

导读 >>>

没有生产质量的保障，生产活动只会造成浪费，且不会给企业带来效益。因此，生产经理可以从日常生产质量控制和控制不良品产出两个方面来严格控制生产质量。

　　Q先生：A经理，我知道质量控制工作对于生产型企业来说非常重要，尤其是日常工作中的质量控制，那么请问如何开展日常质量控制工作呢？

　　A经理：你可以通过提高全员质量意识、经常进行质量意识宣传工作、定期或不定期地开展质量培训工作、将质量与绩效挂钩等措施，全方位提高生产部的质量管理水平，严格做好质量控制工作。

　　Q先生：公司的不合格品产出率一直很高，我想解决这个问题，您能给我一些建议吗？

　　A经理：首先你要分析不合格品产生的原因，然后有针对性地消除导致不合格品产生的各种因素，如工序质量控制不当、设备质量控制不到位等，以确保生产出合格的产品。

第一节　日常生产质量控制

220　提高全员质量意识

在进行现场管理的过程中，生产经理必须努力提高作业人员的质量意识，因为一般的作业人员若能从心底树立质量意识的话，那么他就一定不会违反各项重要的作业规范、程序，而且也能够持续地保持良好的质量意识。

1．对于初级、中级管理人员，生产经理主要向他们灌输质量意识。例如，购入不好的物料就难有好的成品；不按照标准的作业方法操作，不良率就会增加等。

2．如何提高基层员工的质量意识，是决定质量管理能否顺畅进行的关键所在。生产经理应主要强调以下问题：你对自己所做的工作是否满意？下一道工序的员工对你所做的工作是否满意？你所做的工作让自己及下一道工序的员工满意是你的工作责任。

221　加强质量意识宣传

生产经理要掌握必要的质量意识宣传的方法，具体如表11-1所示。

表11-1　质量意识宣传方法

序号	方法	具体操作
1	有关质量及品管的标语	从一般的作业人员中选出优秀者并给予奖励
2	发行"新闻刊物"	设置像公司报道或新闻那样的品管栏或发行品管特集等杂志。要确保这些刊物能够让工作人员自由投稿
3	图示资料	除了定期的"新闻刊物"之外，分发附有插图的小册子
4	展示会、展览会的举办	用简单易懂的图表展示不良品及其发生的原因、对策及因不良而引起的损害等，让一般员工参阅。同时也可用图形等辅助工具形象、生动地描述品管的概念、改善的想法
5	展示或广播	展示海报或直方图、柏拉图、曲线图、管制图等。除了在部门中广播有关安全的事项外，还要广播有关品管的标语与简单的注意事项

（续表）

序号	方法	具体操作
6	演讲会、大会、发表会及其他的相关会议	发表会有必要就同样题目、同样内容反复进行，可以用电影、幻灯片、录像带、现场实验等形式来激发员工的兴趣，帮助其了解相关内容
7	品管实施比赛汇报会	接受过教育的生产现场的管理人员，就自己作业范围内的管理改善实绩举行比赛汇报会

222　开展质量管理培训

生产经理应会同人力资源部定期开展质量管理培训，以强化部门人员的质量意识。

1．针对班组长的质量培训

现场的组长、班长等工作责任人员，要尽可能就有关品管的概念与七大QC手法、管制图的概念及使用方法的概要程序，或利用5W1H方法等，对所有的作业人员进行讲习、教育。具体来说，针对班组长的质量培训所需的资料有作业标准、作业指示书、管制图，以及有关质量与作业改善方法等。

2．针对作业人员的质量培训

针对作业人员主要进行以下方面的培训。

（1）质量意识的灌输。

（2）作业标准、操作技能的培训。

（3）物料及本企业产品的质量特性、质量缺陷，容易出差错、出质量问题的地方。

223　了解"三不原则"的内容

不接受不良品、不制造不良品、不流出不良品的"三不原则"应成为生产经理的质量管理方针、质量管理目标或宣传口号。

1．不接受不良品

员工在生产加工之前，要先对前道工序传递的产品按规定进行检查，一旦发现问题有权拒绝接受，并及时反馈到前道工序。前道工序负责人员须马上停止加工，追查原因并采取措施，使质量问题得以及时纠正，避免不良品的继续加工所造成的浪费。

2．不制造不良品

员工接受前道工序的合格品后，在本岗位加工时应严格执行作业规范，确保产品的加工

175

质量。对作业前的检查、确认等准备工作应充分到位，对作业中的过程状况随时留意，及早发现异常情况，减少产生不良品的概率。

3．不流出不良品

员工完成本工序加工后，需检查确认产品质量，一旦发现不良品，必须及时停机，将不良品在本工序截下，在本工序内完成对不良品的处置工作并采取预防措施。

224 实施"三不原则"

"三不原则"是生产现场质量保证的一个重要部分，其实施要点如表11-2所示。

表11-2 "三不原则"实施要点

序号	要点	具体内容
1	谁制造谁负责	一旦产品设计开发结束，只要工艺参数流程明确，则产品的质量波动就是制造过程的问题。每个人的质量责任从接受上道工序合格产品开始，规范作业，确保本道工序产品质量合格是员工最大的职责
2	谁制造谁检查	产品的生产者同时也是产品的检查者，产品的检查只是生产过程的一个环节。通过检查，确认生产合格，才能确保流入下道工序的是合格产品。通过自检，作业人员可以更清楚地了解本工序加工产品的状态，从而有利于员工不断提升加工水平，提高产品质量
3	作业标准化	产品从设计开发、设定工艺参数开始，就要对所有的作业流程中的作业步骤、作业细节进行规范化、标准化，并使其不断完善，每一个员工必须严格执行标准化作业
4	全数检查	所有产品、工序无论采取什么形式都必须由作业人员实施全数检查
5	工序内检查	质量是作业人员制造出来的，如果安排另外的检查者在工序外对产品进行检查或修理，既会造成浪费，也不能提高作业人员的责任感，反而会姑息作业人员对产品质量的漠视态度
6	不良停产	在工序内一旦发现问题，作业人员有权也有责任立即停止生产，及时进行调查并采取适当的处理措施
7	现时处理	在生产过程中产生不良品时，作业人员必须从生产状态转变到调查处理状态，马上停止作业，并针对产生不良品的人、机、料、法、环等现场要素进行确认，调查造成不良的"真正元凶"并及时处理
8	不良曝光	在生产过程中出现的任何问题，必定有其内在的原因。因此，对于发生的问题，不仅作业人员自己要知道，还必须让管理层、质量保证人员和设计开发人员知道，大家一起认真分析对策，并改善作业标准，而不是简单地由作业人员对不良品自行返工或报废。否则，同样的问题还会再次发生

（续表）

序号	要点	具体内容
9	防错	必须尽可能科学、合理地设计和使用防错装置来预防疏忽。同时在现场管理中，认真进行细节管理，尽量把工作做在前面，周全地计划，充分地准备并事先预防，减少各种差异变动，把质量控制在要求的范围内
10	管理支持	当员工发现问题并报告后，生产经理应第一时间赶往现场，与现场员工一起调查并处理问题。对于不良品，若只是轻率地推卸责任给作业人员，不仅不能彻底解决不良品的产生，而且易造成管理层与员工之间的对立局面

225　将质量与绩效挂钩

许多现场作业人员总觉得质量是品质部的事，而自己和品质管理没有关系。其实，质量是制造出来的，为了让现场的作业人员真正地树立质量意识，生产经理有必要将质量与绩效挂钩。通俗地讲，也就是工资与质量挂钩。

226　管理好生产样品

在现场作业过程中，生产经理可通过表11-3所示的几个方面对生产样品进行管理。

表11-3　生产样品的管理

序号	内容	具体说明
1	提供样品上限、下限	许多时候，如果只给员工一个样品，却不告诉他们样品本身的等级，那么，员工在选择的时候可能会根据自己的判断对产品进行加工。如果只有一个样品，员工就会以自己的主观判断为标准，在样品线上下浮动，以至于有的低于样品的标准，使得不合格的产品混入合格品中；而有的则由于选择的标准太严，令一些合格品被当成是不良品白白地浪费
2	注意中途变化	生产经理还需要注意在中途进行多次确认，如果只是在起初确认合格，那并不等于全程都是合格的，因为随着记忆的淡化，追加工的标准可能又会发生变化
3	样品要保管好	在生产过程中，生产经理一定要保持样品的原样。例如，平时要将样品按照规定的要求进行保存，否则样品的颜色或性能一旦发生变化，将对整个生产工序产生非常不利的影响。从保证产品质量这一点来看，对样品的保管也是一项非常重要的内容

227 积极推行现场自检

自检就是作业人员对自己加工的产品，根据工序质量控制的技术标准自行检验。自检的最显著特点是检验工作基本上和生产加工过程同步进行。通过自检，作业人员可以真正、及时地了解自己加工产品的质量问题，以及工序所处的质量状态，当出现问题时，可及时寻找原因并采取改进措施。生产经理应督促员工积极进行现场自检工作，并将自检结果记录下来。

228 鼓励作业人员互检

互检是指作业人员之间相互检验，一般是指下道工序对上道工序流转过来的在制品进行抽检，以及同一工作地换班交接时的相互检验。互检是对自检的补充和监督，同时也有利于员工之间协调关系和交流技术。因此，生产经理要鼓励作业人员进行互检。

229 安排专业人员专检

专检是由专业检验人员进行的检验。专业检验人员熟悉产品技术要求和工艺知识，经验丰富，检验技能熟练，效率较高，所用检测仪器相对正规和精密，因此专检的检验结果比较正确可靠。

由于专业检验人员的职责约束，以及和受检对象的质量无直接利害关系，其检验过程和结果较客观、公正，所以"三检制"必须以专业检验为主导。专业检验是现代化大生产劳动分工的客观要求，其已成为一种专门的工种与技术。

230 了解作业标准文件种类

作业标准文件是指导员工作业的规范性文件，其有利于在现场作业中降低不良率和提高产品品质。作业标准文件的种类如表11-4所示。

表11-4 作业标准文件种类

序号	种类	内容
1	工艺流程图	工艺流程图是作业标准文件的一种，其可作为制作QC工程表的基础资料。只有少数企业以工艺流程图作为标准向作业人员进行说明、指导

（续表）

序号	种类	内容
2	图纸、部件表	在进行部件加工和组件时，图纸、部件表作为基准资料使用
3	作业标准书	作业标准书明确作业人员的作业内容，起到传达指示作业的作用
4	QC工程表	QC工程表包括作业现场的工艺步骤及其作业内容，在保证品质、技术和对作业现场的指导、监督上发挥作用。另外，在不良品发生和劳动灾害发生时，可据此查明原因并建立对策方案
5	企业规格	与生产有关的各种企业规格是生产部进行作业时的基准资料。以下为企业规格的种类：图纸规格、制图规格、设计规格、产品规格、材料规格、部件规格、制造作业的标准、工程规格、治工具规格、设备规格、检查规格、机器检查工具规格、包装规格、一般规格

231　使用作业标准文件

作业标准文件的使用情况如下。

1．作业标准书的写作时机和写法

（1）作业标准书的写作时机

在加工或组装作业的情况下，按照先设计，后试作，再设计审查的顺序进行后，一般就转移到生产设计上。作业标准书最好在专用工具的设计、机械选定的阶段完成。

（2）作业标准书的内容。

作业标准书主要应明确以下内容。

①记入作业时所需的材料、部品（来自图纸、规格书等）。

②记入作业时使用的机械、工具。

③逐条写明作业的顺序。

④记入有关各作业顺序的主要要点和关键部位。

2．QC工程表使用

QC工程表描述了各工序的步骤和在各工序的管理点与管理方法。

（1）QC工程表的记载项目。

①工序号：以10为单位编工序号（如10、20）及作业内容。

②管理点：管理项目和品质特性。

③管理方法：时间、试验、计测器、管理方式、检查方式、规格、制造基准。

④标准时间。

⑤异常处理方法。

⑥文件修订内容。

（2）QC工程表活用的要点。

①班组长在监督员工作业时要与之核对，确认员工作业是否符合规定。

②当现场有不良品发生时，也可查核QC工程表以找到问题的根源。

③开展作业改善工作时也要参考QC工程表。

232 把后道工序当客户

前道工序若不及时了解后道工序的需求，会导致后道工序出现产品质量问题，致使班组员工返工、加班，使得人力成本增加，最后造成各部门之间的情绪波动，给企业财产造成浪费。面对这种情况，最好的办法是让员工树立"后道工序是客户"的意识。因此，生产经理可从以下几个方面入手。

1．每一道工序的成员应该熟悉自己本工序所负责的工作内容和责任范围。如果存在一些"灰色区域"，生产经理需要与后道工序负责人员协商，以明确界定双方的责任和义务。

2．教育员工经常站在后道工序即消费者的角度来思考问题，做好本工序的工作。

3．生产经理或员工应多了解后道工序的操作程序。例如，后道工序要几个样品，以了解自己的成品是用在其中的哪一个环节或位置。

4．建立与后道工序的联络方式，有需要时可以建立窗口连接。

5．及时向后道工序和前道工序反馈相应的信息。

6．设置检查的样品，以便随时查询。

7．各作业人员在工作中或工作后随时进行自我检查，以便及时改善。

233 避免产品外观出现瑕疵

对于产品而言，任何一个环节出了差错都不能算是质量过关。作为生产经理，必须严格控制生产质量，避免产品外观出现瑕疵，具体方法如表11-5所示。

表11-5 避免产品外观出现瑕疵的方法

序号	方法	具体内容
1	事先防	（1）防范作业人员在作业、检查过程中造成瑕疵。如要求接触产品外观的人员戴手套、指套，不得佩戴戒指、留长指甲等 （2）防止机器、夹具、设备等触碰造成瑕疵。如在接触产品外观的相关部位的倒角贴上海绵，定时对设备进行清洁等 （3）对外观物料进行防范。如使用耐磨性好的产品外观物料、粘贴保护薄膜、二次喷涂等 以上方法多用于对产品外观要求严格的产品上，属于积极预防，且成本相对较低，容易开展。但是，有时有的防护措施本身也会给产品造成瑕疵，因此应事先确认清楚
2	事后选	当产品的外观瑕疵无法杜绝时，为避免错误判断而造成更大的损失，应统一设置样品 （1）该样品能够反映客户需求情况 （2）产品的制造、检验、品管等相关人员都持有同等样品，并严格按该样品进行判定和接收 （3）将判定条件明确化。对光线明暗度、目视距离、产品的有效期限等均做详细的规定

234　制定质量奖惩方案

生产经理的质量控制工作大部分都要通过现场作业人员亲自完成，因此生产经理必须高度重视对作业人员的管理。

下例是某企业的现场质量奖惩方案，供读者参考。

【经典范本01】现场质量奖惩方案

现场质量奖惩方案

一、制定宗旨

为加强现场作业人员的质量意识，提高作业质量，特制定本方案。

二、适用范围

本方案适用于现场的所有作业人员。

三、具体规定

1. 生产工艺和操作指导由产品工序师负责起草并发放至现场，设备的操作指导由技术工序师负责起草并发放至现场。每缺少一份相关指导，罚责任人20元。

2. 作业人员按生产计划填写现品票。填写现品票时应确保字迹清晰、内容正确完整，对不符合要求者，每次罚20元。

3. 生产开始前，作业人员必须按要求对设备进行点检，确认设备完好后方可开始生产。点检表应填写完整，内容正确、字迹清晰。如发现设备异常，须立即填写"设备维修申请单"并上报厂长或设备管理员。未按要求进行点检的，每次罚相应作业人员20元；使用有问题的设备作业，每次罚相关人员50元；记录填写不符合要求者，每次罚10元。

4. 作业人员在生产过程中应严格按工艺要求和设备操作指导书进行生产，并将过程、产品数据填入相应的记录单。不按工艺要求进行生产者，每次罚50元；未按要求记录过程、产品数据者，每次罚50元；记录填写不清晰、不完整者，每次罚20元。

5. 生产过程中作业人员须对产品进行自检并将检验数据填入相应的流转单中。未按要求记录过程数据者，每次罚20元。生产过程中，作业人员须对发现的不良品及时上报直接主管/检验员进行登记、隔离、标示和处置，对隐瞒不报者，每次罚20元；导致不良品流入下道工序者，每次罚50~100元。

6. 作业人员在生产过程中应按要求使用相关生产工装器具、防护工具和带有合格标志的物料，确保产品质量。不按要求使用工装器具和物料者，每次罚20元；造成质量损失者，酌情罚50~200元，同时罚其直接主管200元。

7. 检验员按要求对过程进行巡检并记录检验数据。未执行或未记录检验数据者，每次罚20元；巡检发现不良品，作业人员应根据评审结果及时进行处理，发现以次充好，以废充好现象的，每次罚款50元。

8. 对生产完毕的半成品、成品须经检验员抽检，抽检合格后检验员在流转单上盖合格章，产品随流转单一起转入下道工序；未向检验员报检而转入下道工序的，每次罚直接责任人50元。产品不合格需特采的，须经品质主管和生产经理签字确认；产品不合格未经特采而转入下道工序的，罚相关作业人员50~100元，同时罚其直接主管100~200元。对已检验合格的半成品在下道工序发现批量不合格，经确认属检验员责任的，每次罚检验员50~100元。

9. 生产过程中作业人员须确保物料或半成品标志清晰、完整，检验试验状态明确，确保不接受、不传递无标志或状态不明确的物料或半成品。对不按上述要求执行者，每次罚50元。

10. 操作完毕，应对现场进行清理，确保现场整洁有序、设备完好。现场未用完的物料应及时放回相应的库位，产成品用相应的周转工具移入储存区进行停放，并做好标志和防护，流转单交由仓管员整理存档。现场杂乱、不整洁的，每次罚直接责任人20元；不按规定存放或标志物料/半成品，每次罚直接责任人50元。

11．各种物料、半成品、成品要按规定进行存放，确保摆放整齐、轻拿轻放，避免碰撞损伤表面。不按规定存放者，罚相关责任人50元；发现表面有损伤的半成品、成品，需由检验员登记返工后再流入下道工序或入库；发现因过程防护不当导致产品缺陷的，每次罚相关责任人20元；因不按规定摆放用错物料的，罚相关责任人50元。

12．生产现场需保持整洁、有序；设备、工具、模具完好无损，摆放整齐，档案完整；现场所用作业指导书、工艺文件完整、有效；现场所用物料、半成品均需放入相应区域且区域标志显著、清晰；定置定位管理有效；发现一处不符合要求的，罚现场主管50元。

13．作业人员在一个月内出现同一质量问题重复发生三次，其直接主管必须被扣罚，扣罚金额为作业人员累计被扣罚金额的两倍。

14．发现有质量问题时，要根据相关程序及作业标准做出及时处理，每延期一天，罚相关责任人50元。

第二节　严格控制不良品产出

235　分析不良品产生的原因

产生不良品的原因有很多，几乎每一个生产环节都可能会产生不良品。因此，生产经理要消除不良品必须从整个产品的实现环节（如设计、采购、生产制程、物控等多个环节）去把握。一般来说，就企业整体而言，产生不良品的原因如表11-6所示。

表11-6　企业总体不良品的产生原因

序号	原因类型	具体说明
1	设计和规范方面	(1) 含糊或不充分 (2) 不符合实际的设计或零部件装配，公差设计不合理 (3) 图纸或资料已经失效
2	生产设备方面	(1) 加工能力不足 (2) 使用了已损坏的工具、工夹具或模具 (3) 缺乏测量设备/测量器具（量具） (4) 机器保养不当 (5) 环境条件（如温度和湿度）不符合要求

（续表）

序号	原因类型	具体说明
3	物料方面	(1) 使用了未经实验的物料 (2) 用错了物料 (3) 让步接收了低于标准要求的物料
4	操作和监督方面	(1) 作业人员不具备足够的技能 (2) 对制造图纸或指导书不理解或误解 (3) 机器调整不当 (4) 监督不充分
5	制程控制和检验方面	(1) 制程控制不充分 (2) 缺乏适当的检验或实验设备 (3) 检验或实验设备未处于校准状态 (4) 检验和实验指导不当 (5) 检验人员技能不足或责任心不强

236 部门内部原因分析

生产经理应着重分析生产部内部不良品产生的原因，具体分析内容如表11-7所示。

表11-7 部门内部原因分析

序号	问题	具体原因分析
1	作业人员不知道或不理解作业标准	(1) 新进员工 (2) 能力不足、不能胜任 (3) 教导不良
2	主管、品管没有对现场品质进行管控	(1) 缺乏必要的工具 (2) 用错工具 (3) 误解标准 (4) 缺乏正确设计 (5) 纯粹疏忽
3	现场品质稽核、检验混乱	(1) 进料不良 (2) 前制程问题 (3) 设备精度问题 (4) 错误指令 (5) 标准有误 (6) 方法不恰当

序号	问题	具体原因分析
4	全体人员没有品质意识	(1) 管理问题 (2) 组织问题 (3) 缺乏压力 (4) 缺乏激励

237 加强现场首件检验

首件是指每个生产班次刚开始加工的第一个工件，或加工过程中因换人、换料、换活以及换工装、调整设备等改变工序条件后加工的第一个工件。对于大批量生产，首件往往是指一定数量的样品，首件检验对于控制产品的品质有着重要作用。

首件检验一般采用"三检制"的办法，即先由作业人员自检，再由班组长或生产经理复检，最后由品质部检验员专检，具体检验内容和要求如表11-8所示。

表11-8 首件检验的内容和要求

序号	内容	具体要求
1	人	检验生产首件的工人是否有上岗证
2	机	检验生产首件的设备是否符合规定的要求，是否处于正常的工作状态
3	料	检验用于生产首件的外购产品（如物料）是否符合规定的要求
4	法	检验用于生产首件的工艺技术文件是否正确、完整、有效，是否有随产品周转的流程卡
5	环	检验生产首件的环境是否符合规定的要求
6	测	(1) 检验首件的检验员是否有上岗证，所用的检测设备和计量器具是否符合规定的要求，并处于正常的工作状态 (2) 检验首件质量是否与设计要求相符 (3) 检验首件质量原始记录是否完整 (4) 检验首件质量与其原始记录是否文实相符

238　加强作业人员控制

加强作业人员控制的内容如下。

1．作业人员技能的控制

（1）验证。检查新上岗或调来本道工序的作业人员是否有"资格合格证"，如果没有证件则不准上岗。

（2）考核。有"资格合格证"的作业人员，在上岗前必须经过企业内部考核，即在设备、物料、方法、环境和检测都符合规定要求的条件下，看本道工序上的作业人员能否一次性成功地生产出三件合格产品，如果生产不出合格产品，说明其技能水平还不能满足该工序的要求，则不准上岗。

对批量生产的工序，要求该工序上的员工能够熟练应用统计技术对产品质量进行统计分析，从中发现异常情况，并对工序质量进行控制。

2．作业人员体能的控制

操作人员在上岗前要先进行身体健康检查，确保身体健康、无疾病，并且能够在规定的时间内和条件下完成规定的工作量。

239　加强生产设备控制

"工欲善其事，必先利其器。"工序中的"器"，主要是指生产设备，包括工艺设备、工具、计量器具、标准件等，生产经理均应加以严格控制。

1．本道工序的生产设备必须符合工艺规程规定的要求，确保文实相符。

2．生产设备必须有明确的标志，如合格证。

3．生产设备要能够满足本道工序生产能力的要求。

4．正式生产之前，本道工序的作业人员要对本道工序的生产设备进行试生产，以检查生产设备是否合格。如果不合格，其有权拒绝使用。

5．作业人员应熟知本道工序的生产设备的构造原理、性能及用途，并了解其可能发生的故障和保养方法，并按时保养。

240　加强测量事务控制

测量事务控制工作的内容如下。

1．各工序配备的计量器具的规格、标准应符合测量的要求，处于检验期内且合格。员工有权拒绝使用不合格的计量器具。

2．作业人员必须对首件进行自检。如可以互检的话，应进行互检。经自检和互检合格后，将备件送去专检，经专检合格后，方可继续生产。

未经首件检验，造成的不良品由工序的作业人员负责；经首件检验，却造成批量不良品的，检验员负错检或误判责任。

3．检验员应根据各项规定对工序的产品进行检验。

241　加强关键工序质量控制

对产品质量特性起决定性作用的工序称为关键工序。

1．关键工序的范围

（1）关键、重要零件的尺寸、技术要求所形成的工序。

（2）对下道工序的质量有重大影响的工序。

（3）加工周期长、物料贵重，一旦出现问题损失较大的工序。

2．关键工序的控制

关键工序是在产品工艺设计时确定的，在生产阶段按已定的关键工序建立控制点，进行重点控制。除按一般工序质量控制的规定和要求对关键工序的质量进行控制外，还有如下要求。

（1）制定控制点的管理制度。为了确保控制点的管理工作有序进行，应制定相关制度，以明确参加控制点管理的各部门和人员的职责（除工序作业人员外，生产现场的施工员、检验员、机修员、质量管理员也须参加控制点的管理），规定控制点日常工作的内容、工作程序以及检查、验收、考核、监督办法。

（2）控制点要做明显标示。

（3）关键工序所使用的各种文件上均应加盖"关键工序"的标志。

（4）关键工序必须有"关键工序控制卡"，卡上应列出关键工序的名称、加工的内容、加工和测量的方法等具体要求。

（5）对关键零部件的存放、周转要采取特殊措施，并做明显标志。

（6）在生产中，技术工艺部门应定期测定过程能力指数，监视工序质量的变化，发现异常应及时分析原因并采取措施。

（7）对关键工序的质量信息要进行严格管理和及时处理。

242   加强特殊工序质量控制

特殊工序质量控制的内容如下。

1．特殊工序的范围

不易发现、不易测量或不能够经济地测量产品内在质量特性的工序，称为特殊工序。例如，铸造、锻造、焊接、表面处理、热处理等工序。特殊工序具体包括以下内容。

（1）工序结果不能通过其后的检验和实验加以验证。

（2）工序结果的缺陷仅在后续的过程乃至在产品使用时才显露出来。

（3）工序结果需实施破坏性测试或昂贵的测试才能获得证实。

2．特殊工序的控制

除按上述一般工序控制的方法外，对特殊工序的控制还有如下要求。

（1）特殊工序的作业人员必须持有等级资格证书方能上岗。例如，焊工必须持有焊工考试委员会颁发的合格证书方可上岗。

（2）在工序运行中，检验员要现场监视和检查工艺规程的执行情况与作业人员的记录情况，同时自己也要做好记录。

（3）特殊工艺所用的各种文件、参数的变更，必须经过充分验证后再实施。

（4）特殊工序的各种质量文件必须受控并归档。

243   加强末件检验工作

末件检验是指当批量产品加工完成后，对最后加工的一件或几件产品进行检验的活动。末件检验对确保产品的品质发挥着重要作用，它保证了对批量产品质量的控制和管理。末件检验的主要目的是为下批生产做好生产技术准备，保证下批生产能有较好的生产技术状态。生产经理应与品质部门协调，做好末件检验工作。

244   加强产品包装质量控制

产品包装是指包装产品的器具和包装物，其作用是保护产品的质量，便于装卸、运输和储存。包装质量是产品质量的组成部分，生产经理可以通过检验包装对质量进行严格控制。一般来说，生产经理需要与品质部门配合进行包装检验。

1．包装检验的项目

包装检验的项目包括包装物料、包装方法、包装外观、包装标志（起吊重心、防潮、防振动、放置方向等标志）、随机文件、随机附件、备件等。

2．成品包装检验的要求

（1）检查包装物料是否正确，包装箱是否牢靠且符合规定的要求。

（2）包装前是否按文件要求对产品进行了油封、油漆、润滑（必要时）及外观检验。

（3）成品合格证书（或标志）的编号与包装箱编号是否一致。

（4）包装箱上的用户名称、地址、邮编及防雨、堆放等标志是否正确。

（5）按照装箱清单核对产品说明书、产品合格证书、附件、备件工具是否相符。

245　加强包装的品质检验

包装的品质检验（PQA）内容如下。

1．PQA控制范围

PQA控制范围是半成品经装配工序到成品入库前的控制，主要用于控制生产部的包装作业。

2．PQA控制点的设置

（1）开拉首件产品的确认。

（2）拉头工单资料的检查。

（3）包装配件、彩盒、纸箱的确认。

（4）生产、包装过程中的不稳定因素。

（5）得到PQC和IQC或其他途径的不良信息反馈。

（6）新员工操作。

3．PQA的作业要点

（1）生产资料的核对，包括装配生产通知单、包装规范、物料、零件规格（BOM）等内容的核对。

（2）包装样板的签收，即首件确认。

（3）物料、配件、纸箱的验证。

（4）过程的巡检。

（5）PQA的巡检记录。PQA人员应根据当班的实际巡检结果，将具体情况按类别及时填写在"包装PQA巡检日报表"的相应栏目内。

（6）品质异常的反馈与处理。如PQA人员在巡检中发现有不良品，需及时填制成品检验报告，经审核后交生产部改善，同时跟进改善结果，直至再次检验合格为止。

第十二章　生产人员管理

导读 >>>

要使生产部的工作顺利进行，生产经理首先必须做好人员配置工作。在现代化大生产尤其是流水线生产方式下，某一岗位人员的缺岗会直接影响整个生产线的工作进度以及订单产品的质量和交货期。

Q先生：A经理，请问对于管理部门员工，您有什么好的建议吗？

A经理：首先你要明确把握生产人员的配备要点、考虑因素，做好定岗管理，然后协助人力资源部开展招聘工作。同时，你还要强化对他们的日常管理，如出勤管理、加班管理、日常纪律管理。

Q先生：因为我才刚刚上任，对员工的培训与考核工作不知道该如何开展，A经理，您能给我一些建议吗？

A经理：员工的培训和考核工作一般由人力资源部负责，作为生产经理，你要配合人力资源部做好相关工作。不过，对新员工和在职员工的培训工作，你要注意区别对待。

第一节 生产人员配备工作

246 生产人员配备基本要点

生产经理应根据生产人员的能力为其配备合适的工作，以做到人尽其才、人事相宜。表12-1对生产人员配备的要点进行了简要说明。

表12-1 生产人员配备要点

序号	基本要点	具体说明
1	发挥人员的专长和积极性	(1) 根据员工在工种、技术能力、熟练程度等方面的差别分配 (2) 了解员工的优势，对于技术复杂、品质要求高的岗位，要配备技术熟练的人员，并考虑配备必要的助手
2	明确责任	明确规定工作任务的数量、品质、作业期限等，建立岗位责任制
3	保证人员的工作量	(1) 考虑工作量的大小，注意不要因分工过细而使员工负荷不足 (2) 在分配适当的工作量的基础上，可以适度扩大员工的工作范围，以实现一专多能，提高员工的综合技术水平

247 生产人员配备考虑因素

生产经理要根据现场作业的需要，为各种不同的工作配备相应工种和技术等级的员工，以保证生产工作顺利进行。

1．班制调配

实行单班制的企业基本不需要考虑班制的调配问题，但如果实行多班制，则必须根据生产需要合理调配班次。

2．合理安排男女员工

由于各企业生产的性质、工艺、劳动条件等情况不同，男女员工的比例在各企业中并不一样。生产经理在安排女员工的工作时，必须考虑以下两点。

(1) 该工作是否适合女性的生理特性。

(2) 在相同职业种类、相同学历的情况下，男女工资是否平等。

3．有效聘用临时工

一般来说，临时工所做的各项工作与正式员工基本相同。生产经理在聘用临时工时应注意以下事项。

（1）聘用时可先询问其工作兴趣及经历，在某种程度上也可顺便问及其家庭状况。

（2）为临时工安排随身指导员，并说明组织纪律，制定临时工管理规定。

（3）参考临时工的工作经历为其安排相应工作，尽量做到才尽其用。

（4）在进行实际作业操作前应就作业方法对临时工进行基本培训，培训内容包括具体的作业内容、作业重点、注意事项、各种安全规定等。

（5）当临时工由于最初作业不习惯而跟不上一般作业速度的时候，其指导员应在旁边给予指导。

248 生产人员现场编制

编制是指生产经理根据生产工艺和现场职能管理的需要，做出明确的岗位设定和技能要求。如果生产产品的型号变化会带来弹性用工需求的话，则要求明确其需求变化规律。

1．根据工艺确定生产岗位

相关专业研究表明，一个人能够有效管理的直接人数为10人左右，所以一个班组的人数设定5~8人为宜。根据这一特点以及生产工艺流程，企业可合理设置班组人数。

设置班组后，企业可根据生产工艺确定生产岗位，根据作业内容配置相应的人数。一般来说，一个岗位配备一位作业人员，若某些产品有特殊的工艺要求需临时增加人员的，应事先在班组人员编制上予以明确，这样才能避免用工需求的紧急性。

2．按需设置职能管理岗位

一般来说，生产现场的职能管理包括计划管理、物料管理、质量管理、考勤管理、设备管理、5S管理、安全管理、成本管理、低值易耗品管理等，对此企业可以根据生产车间的规模和工作量大小采用不同的方式进行管理。

249 生产人员定岗管理

不同的岗位对技能要求和资格要求是不同的，所以定岗不仅是对人数的要求，而且是对技能、资格的要求，生产经理必须依据生产管理的需要，并结合部门人员的配置来进行管理。

1．定岗要求

员工的定岗是根据岗位要求和个人状况来决定的。根据岗位质量要求的特点，可以把员工的岗位分为重要岗位和一般岗位。根据岗位劳动强度的大小，可以将员工的岗位分为一般岗位和艰苦岗位。在保证质量、产量和均衡生产的前提下，根据员工的身体状况、技能水平、工作态度，生产经理可按照以下要求进行定岗安排。

（1）适所适才。根据岗位需要配备适合的人员。

（2）适才适所。根据个人状况安排适合的岗位。

（3）强度均衡。各岗位之间适度分担工作量，使劳动强度相对均衡。

2．未实施定岗管理的危害

员工定岗后，其工作岗位要求必须相对固定，不允许随便换岗。

但在实际工作中经常出现员工串岗和换岗的现象。串岗是指员工未经批准在一个班次之内（在不同岗位）交替作业；换岗是指员工在一段时间内无组织、无计划地随意变换工作岗位。串岗和换岗都属于无管理行为，极易带来现场管理的混乱，其带来的危害是比较大的。

（1）岗位变换快，员工作业技能不稳定。

（2）易出现安全和质量事故，质量和产量难以稳定。

（3）责任不清，问题难以追溯，业绩难以管理。

（4）岗位变动大、变动快，处于无序状态，人员难管理。

随着用工制度和用工结构的变化，企业开始出现临时工、季节工、劳务外包等用工形式。生产经理应根据岗位的特点和需要，明确区分岗位性质和用工要求，有针对性地做好定岗定员和人员管理工作，从而对保障现场管理目标的实现起到重要作用。

250 生产人员的招聘方式

生产人员的招聘一般是由人力资源部统一组织进行的，但最终决定权在生产经理手中。生产人员的招聘可分为内部招聘与外部招聘两种方式。

1．内部招聘

内部招聘即在企业内部进行考察，吸引在职员工填补空缺。生产经理可采取以下方式进行内部招聘。

（1）内部提升。当有空缺岗位时，可在员工布告栏内公布，以便各部门推荐人选，或鼓励员工毛遂自荐。

（2）岗位转换。岗位转换是指将员工从原有的岗位调到同层次或下一层次的空缺岗位的方式。

2．外部招聘

外部招聘的渠道多种多样，如报纸、网络等，具体如表12-2所示。

表12-2　外部招聘的渠道

序号	渠道	具体说明
1	刊登广告	通常用来刊登招聘广告的媒体有报纸、杂志、电视、网络等 （1）在制作广告内容时，注意措辞应能够吸引读者注意，并且根据采购工作和对候选人的要求，围绕候选人重点关注的问题展开 （2）在招聘广告中，应注明应聘者可通过什么方式来提交简历
2	校园招聘	企业人事专员亲自到大学去招聘，吸引素质较高的人员
3	网络招聘	网络招聘速度快、效率高、成本低、覆盖面广，但该渠道虚假信息多、信息处理难度大。企业可选择国内影响力较大的前程无忧、智联招聘、中华英才网等进行招聘
4	就业机构	就业机构是帮助企业招聘员工和帮助个人找到工作的一种组织，具体是指各种职业介绍所、人才交流中心等

251　生产人员的招聘流程

生产人员的具体招聘工作一般由人力资源部统一进行，生产经理须将相关的招聘要求、说明书等告知人力资源部。如果可能的话，生产经理最好参与到应聘人员的面试中，对应聘人员的专业知识、综合素质等进行考核。

面试通过后，被录用的员工应依规定的日期到企业报到。一般而言，各企业有不同的培训需求，所以其规定的试用期限也不同。

252　生产现场人员后备管理

面对员工流动和临时缺勤的问题，生产经理应做好各岗位员工的后备管理工作，只有这样才能做到有备无患、处变不惊。在员工技能管理的基础上，应通过培养多能工，有计划地做好一线岗位尤其是重点岗位员工的替补安排，预案在前，这样可以根据需要立即按计划启动员工替补安排，从而最大限度地减少因缺员带来的损失。

253　补员管理

出现员工离职或辞职的情形，生产经理应该及时向人力资源部门提出补员申请，同时做好临时性人员的调配工作，使生产进度和质量不受影响。临时补充人员到岗后，生产部要对临时补充人员肩负起以下责任。

1．告知

告知的内容包括作业安全要求、工作内容、质量标准、注意事项、异常联络等。

2．指导

指导的内容包括操作要点、异常处置、作业技能等。

3．监督

监督的内容主要包括出勤时间、安全规范、工艺纪律、工作质量、工作纪律等方面。

在外来支援人员结束工作之后，生产经理要以口头或书面的形式评价其工作表现，给予相应的肯定，并告知本人及其直接领导，当然别忘了道一声"辛苦"和"感谢"。

254　生产员工轮岗

适度的岗位轮换有助于提高员工学习的热情和欲望，激发员工的干劲，培养多能工和后备人员。员工轮岗安排一定要有计划、有组织地进行。在人员选择上，宜选取工作态度好、安全意识高、工作质量一贯稳定、原有岗位技能熟练的老员工。一般来说，老员工最快也要两三个月才能完全掌握新岗位的作业技能。因此，在时间安排上，老员工转岗周期最好以3～6个月为宜。

在转岗安排上，一旦决定某个员工转换岗位，就要像对待新员工上岗一样指导并帮助他。转岗后，相应人员就要在规定的时间内到新岗位上工作，不允许随便交换岗位。生产经理要做好换岗人员的技能培训、质量考核和业绩管理工作，确保达到转岗目标。这里应该强调的是，为了确保岗位轮换的严肃性和计划性，生产经理一定要将相关安排书面化，并向相关人员或全员进行公开说明。

第二节 员工培训与考核

255 新员工培训内容

新员工是指企业新录用的人员,有时也指因转换岗位还没有熟练掌握工作操作程序的人员。生产经理要帮助新员工更快地胜任本职工作,让其尽快融入企业。

新员工培训内容主要包括企业简介、有关工作的基本知识、基本技能、产品知识等。以下是某公司新员工入职培训内容清单,供读者参考。

【实用案例】

××公司新员工入职培训内容清单

培训项目	序号	内容概要
企业概况	1	欢迎词
	2	企业的创立、成长和发展趋势
	3	企业的组织结构、各部门负责人
	4	产品和服务、主要客户情况
	5	产品生产和对客户提供服务的方式、步骤
	6	企业各种活动的范围
	7	各部门之间的关系、期望和活动
生产情况介绍	1	生产的班制,如单班制、轮班制等
	2	加班情况
	3	生产的一般情况,包括生产种类、品质等
员工工资福利等情况	1	工资发放方式
	2	绩效奖惩规定
	3	病假、事假处理

（续表）

培训项目	序号	内容概要
员工工资 福利等情况	4	退休计划及优待
	5	节假日的放假安排
	6	在职培训机会
	7	伙食补助、住宿及补贴
	8	社保

256 新员工转正考核

新员工培训结束后，生产经理和人力资源部依据员工试用期的表现，确定该员工是符合岗位要求，如果符合要求就予以正式任用。下例是某公司生产部新员工转正考核表，供读者参考。

【经典范本02】××公司生产部新员工转正考核表

××公司生产部新员工转正考核表

姓名： 工号： 分数：

1. 生产部车间工作纪律考核（班长）（0~5分）得分：

生产部一线员工安全管理制度（0~5分）得分：

生产部车间工作纪律（0~5分）得分：

2. 5S考核（品质部工程师或主管）（总分15分）

A. 5S定义（0~3分）得分：

B. 5S之间的关系（0~3分）得分：

C. 5S与管理合理化关系（0~3分）得分：

D. 5S工作推行口诀（0~3分）得分：

E. 企业实施5S工作的好处（0~3分）得分：

3. 随工单考核

能够从随工单上识别客户编号等（班长+技术员）（总分20分）得分：

4. 本工序作业指导书考核（技术员）（总分10分）得分：

5. 品质考核（品质部IPQC或工程师）（总分15分）

A. 岗位产品检验标准（0~5分）得分：

B. 发现异常的处理流程（0~5分）得分：

C. 是否按要求规范作业（0~5分）得分：

6. 上机考核（技术员）（总分25分）

A. 机台独立操作（0~5分）得分：

B. 基本报警处理（0~5分）得分：

C. 产品换单换线（0~5分）得分：

D. 基本现场异常处理（0~5分）得分：

E. 机台安全隐患提醒（0~5分）得分：

257 在职员工培训要点

在职员工培训是指有计划地实施在岗员工的培训工作。在职员工培训要点如表12-3所示。

表12-3 在职员工培训要点

序号	要点	具体说明
1	制定明确的目标	帮助员工制定明确的目标，提高员工制定目标的能力，让员工学会用目标引导自己开展工作
2	帮助员工有效执行目标	在日常的工作中继续导入在职员工培训的观念，在执行目标的过程中持续与员工保持绩效沟通，不断强化对员工的在职培训，并对员工进行业绩方面的辅导，使员工在执行目标的过程中不断提高执行力
3	激发员工创新潜能	鼓励员工在工作中不断对工作做出前瞻性的思考，不断提出创新建议，以改善工作流程，提高工作效率
4	鼓励员工汇报工作情况	鼓励员工向自己汇报工作进展情况，并可提出工作中遇到的困难，以及有关资源、协调、推动的请求，帮助员工更加高效地工作

258 在职员工个别辅导

在进行在职员工培训的过程中，对于特别的人员（如能力较强者、缺乏自信者等），生产经理要进行有针对性的培训，即个别辅导，具体的辅导要点如表12-4所示。

表12-4 个别辅导要点

序号	要点	具体说明
1	说明辅导	事前准备一些通俗易懂的文字资料、音像资料，边说明边观察员工的理解程度，对其不明之处要加以反复说明
2	咨询辅导	对惶恐不安的员工，应采取积极倾听法，即不停地附和员工的言语，对其所提的问题均给予正面回答
3	挑战辅导	有能力的员工出色地完成工作后，除了给予首肯之外，还要适时交代更难一点的事项，让其向更高一级的难度挑战
4	刺激辅导	对能力强的员工，可不做任何指导，只在想法和要点上对其略做提示即可，可不问过程，只看结果
5	答疑辅导	对有自己意见和想法的员工，生产经理除了要尽可能地表明自己的观点之外，还要回答员工的提问，哪怕所提问题十分浅显，也应给予积极解答

259 多能工培训

多能工培训的要点和方式如下。

1. 多能工培训要点

一般来说，掌握两种以上作业技能的员工为多能工。"一岗多能"是应对员工流动的重要条件，也是培养一线骨干的重要途径。要想将员工培养成多能工，生产经理必须掌握以下六个培训要点。

（1）作业简单化。在生产过程中，要特别注意需要特殊技能的作业，尤其是切换、调整作业。在这类作业中要持续不断地进行简单化的改善，使之成为谁都可以胜任的工作。

（2）人员的选择。对多能工的培养要优先选择工作态度好、原有技能稳定、工作质量高的员工；重要岗位、关键技能要选文化基础好、领悟能力强的员工。

（3）标准作业。即使是没有工作基础的新员工，按照作业指导书指示的步骤方法也能作业。任何人在作业时，都能够在作业场所内得到自己所需的相关资料。

（4）全员的推进参与。多能工化如果只适用于某些工序，则难以取得成功。多能工化应该在企业领导的倡导下，全企业推进，全员参与。

（5）制订计划。培养多能工不是一朝一夕的事，而是一项长期工作。生产经理要协同人力资源部制订相关培训计划，按照计划切实开展多能工培训工作。

2．多能工培训方式

多能工主要是通过让老员工接受新的技能培训来实现，新的技能主要通过岗位培训来掌握，其方法与新员工岗位培训类似。生产经理可以采取表12-5所示的方式培训多能工。

表12-5　多能工培训方式

序号	培训方式	具体说明
1	岗位轮换	让员工先后承担不同岗位的工作，使其掌握不同的作业技能
2	计划性上岗	（1）选择优秀的员工和有相关技能的员工，有计划地安排其间歇性上岗接受培训 （2）采取非全职岗位培训，一般采用一周两天、为期两个月的培训方式，该方式适用于对现有骨干的多技能培训
3	脱岗培训	将员工安排到企业培训中心或外派到外部培训机构接受培训，这种方式成本高、技能适应性不足，只有在非常必要的时候才对骨干员工采用

260　师带徒制度

为了提高对新员工培训的效果，生产经理可以发挥老员工的经验优势，建立完善的"传、帮、带"责任制，在重点保证安全的基础上，使新员工尽快掌握岗位作业技能，以达到独立上岗的目的。

具体实施时可以采取师傅带徒弟的方式进行，生产经理要事先制定相关的制度或操作办法。以下是某公司生产部师徒制度，供读者参考。

【经典范本03】××公司生产部师徒制度

××公司生产部师徒制度

1. 目的

1.1 使新员工能够及时得到工作指导，尽快掌握各项工作技能。

1.2 调动老员工的生产积极性，使其在传授新人过程中能够更好地发挥"传、帮、带"的作用。

1.3 提高整体员工的操作技能。

2. 适用范围

本制度适用于生产部（含耦合器车间、组装车间、CWDM车间）。

3. 实施细则

3.1 师傅资格认定标准。

3.1.1 心态端正，服从工作安排，责任心强，有良好的沟通协调能力，头脑灵活，思路清晰。

3.1.2 对本工位的工序流程非常熟悉，熟练掌握工艺并能严格按照工艺操作。

3.1.3 从事当前岗位工作满一年以上的。

3.1.4 技术能力达到企业制定的师傅考核标准（需要考核通过）。

3.1.5 封装（二道、终端、三道）：作为封装工位的师傅须熟悉三道工序。

3.1.6 组装（跳线、模块、PIGTAIL）。

3.1.6.1 作为跳线工位的师傅须掌握跳线的每道工序。

3.1.6.2 作为模块工位的师傅须掌握模块的每道工序。

3.1.6.3 作为PIGTAIL工位的师傅须掌握PIGTAIL的每道工序。

3.2 徒弟合格标准。

3.2.1 心态端正，服从工作安排，责任心强。

3.2.2 熟悉本工位的工序流程，熟练掌握工艺并能够严格按照工艺操作。

3.2.3 技术能力达到企业制定的员工转正标准，即"生产部员工转正考核项目及要求"。

3.2.4 封装（二道、终端、三道）考核一道工序。

3.2.5 组装（跳线、模块、PIGTAIL）。

3.2.5.1 作为跳线工位的徒弟须掌握跳线的每道工序。

3.2.5.2 作为模块工位的徒弟须掌握模块的每道工序。

3.2.5.3 作为PIGTAIL工位的徒弟须掌握PIGTAIL的每道工序。

3.3 奖惩。

徒弟通过考核，其师傅得到50～300元奖励，具体如下。

3.3.1 拉锥工位。

3.3.1.1 以师傅传授之日（签订师徒合同之日）起1个月（含）内，徒弟考核通过，奖励师傅300元。

3.3.1.2 2个月内，徒弟通过考核，奖励师傅200元。

3.3.1.3 3个月内，徒弟通过考核，奖励师傅50元。

3.3.1.4 超过3个月徒弟仍未通过考核，罚师傅50元。

3.3.2 非拉锥工位。

3.3.2.1 以师傅传授之日（签订师徒合同之日）起1个月（含）内，徒弟考核通过，奖励师傅

250元。

3.3.2.2 两个月内，徒弟通过考核，奖励师傅150元。

3.3.2.3 三个月内，徒弟通过考核，奖励师傅50元。

3.3.2.4 超过三个月徒弟仍未通过考核，罚师傅50元。

3.4 师傅资格考核每年举行一次，实行师傅人员非终身制，能者上。

3.5 限定师傅人员数量不超过本组总人数的20%，如果师傅考核通过的人数较多，考核标准将在下一年提高。

3.6 师徒之间签订师徒合同——"师徒合同申请表"，交由人力资源部备案。

3.7 师傅、徒弟考核的相关数据资料由人力资源部备案。

261　生产人员绩效考核

企业主要从工作量（数量）、工作效果（质量）以及本职工作中的改进和提高等方面对生产人员进行绩效考核。

1. 做好相关记录工作

要想进行科学、合理的绩效考核，生产经理首先必须做好记录工作。记录的内容包括生产或其他工作中的"数"或"质量"的成绩，以及物料或时间的消耗等。记录的单位可以用产品数量、合格率、时间消耗等来表示。

2. 编制考核表

绩效考核工作通常都是通过编制考核表来完成的，生产经理需要配合人力资源部编制合适的考核表，具体如表12-6所示。

表12-6　生产人员绩效考核表

员工姓名：　　　　　　　　　　考核者：

工作岗位：　　　　　　　　　　考核时间：从＿＿＿＿＿＿到＿＿＿＿＿＿

部门：

评估结果	较差，不符合要求	低于一般水平，需要改进，有时不符合要求	一般，一直符合要求	良好，经常超出要求	优秀，不断超出要求
工作量：完成的工作量、生产率达到可接受的水平					

（续表）

评估结果	较差，不符合要求	低于一般水平，需要改进，有时不符合要求	一般，一直符合要求	良好，经常超出要求	优秀，不断超出要求
工作质量：在进行任务指派时是否准确，完成情况是否良好					
可靠性：员工实现工作承诺的信任程度					
积极性：是否自信并愿意承担责任					
适应能力：是否具备对需求变化和条件变化的反应能力					
合作精神：为他人及与他人工作的能力					
未来成长和发展的潜力					
员工声明		□同意　　□不同意			

评估：	
员工（签名）	日期：＿＿年＿月＿日
考核人员（签名）	日期：＿＿年＿月＿日
审查人员（签名）	日期：＿＿年＿月＿日

第三节　生产人员日常管理

262　加强员工出勤管理

要想加强员工出勤管理，必须做到以下两个方面。

1．员工出勤时间管理

出勤时间管理是指对员工是否按时上下班、是否按要求加班等进行管理，其核心是对员工是否按时到岗进行管理，主要表现为缺勤管理。一般来说，员工缺勤有迟到、早退、请假、旷工、离职等几种情形。

（1）员工迟到或早退时，生产经理应向该员工了解原因，同时严格按照企业制度考勤。除非情况特殊，一般要对该员工进行必要的个别教育或公开教育。对于多次迟到、早退且屡教不改的，应按照相关规定严肃处理。

（2）员工请假时需按照企业相关制度规定，提前提出书面请假申请，且获得批准后才能休假。特殊情况下可以口头请假，生产经理需要确认缘由并进行恰当处理，既要显示制度的严肃性，又要体现管理的人性化。

（3）出现员工旷工时，生产经理应及时联系该员工或向熟悉该员工的同事了解情况，确认该员工是出现意外不能及时请假，还是恶意旷工。如果是前者，生产经理应该给予关心，必要时进行指导教育；如果是后者，则应该当作旷工事故按制度严肃处理。

（4）出现员工不辞而别的离职情形的，生产经理应及时联系该员工或向熟悉该员工的同事了解情况，确认员工不辞而别的原因。如果是工作原因，应做引导挽留，就算是员工选择了离职，也要给予必要的感谢和善意的提醒，必要时诚恳地听取其对企业、班组和本人的意见或建议。

生产经理可以根据考勤对员工的出勤率进行统计分析，从个人、月份、淡旺季、季节、假期等多个角度分析其规律。例如，夏季炎热，员工体力消耗大，因身体疲劳或生病原因缺勤的情形就会增多。掌握历年来的规律能为班组定员及设置机动人员提供依据，做到提前准备，及时调配。

2．员工出勤状态管理

出勤状态管理是指对已出勤的员工的在岗工作状态进行管理。生产经理可通过观察员工的工作表现和工作质量来确认员工的精神状态、情绪、体力如何，必要时可进行了解、交流、关心、提醒和开导。

当发现员工状态不佳，难以保证生产安全和产品质量时，生产经理要及时采取措施进行处理；如果发现员工因为有个人困难而心绪不宁甚至影响工作时，要给予真诚的帮助。为此，生产经理要学会细致观察，对员工要表现出发自内心的关心，确保生产顺利进行。

263　夜班工作安排

对于上夜班的人员，生产经理需根据员工的具体需求和情况为其安排合适的工作。

1．了解工作情况并做好记录

生产经理首先应对夜班的工作情况有详细的了解并做好记录。在充分考虑夜班工作强度的条件下，调整夜班人员的数量，做到人性化的安排。同时，设立夜班质检，划分出责任（如拉长、工序负责人、组长），安排专职人员不定期查岗，加强班中的巡回检查等。

2．合理选择夜班人员

在对夜班人员的安排上，要对上夜班者进行合理选择。对患有慢性疾病或心理状态不佳的，或平时就有睡眠障碍的人，则不应安排其上夜班。

3．为员工创造良好的环境

生产经理应为夜班人员提供良好的工作和生活环境。例如，工作场所物品应摆放整齐，照明良好，色彩鲜艳。另外，为了消除员工长时间工作的疲劳，还可在工作场所播放与工作氛围相适宜的音乐；员工工间小憩环境应安静、舒适，光线明暗适宜，利于休息。

4．对员工生活进行合理安排

生产经理除了分配好夜班人员的工作，还应对夜班人员的生活给予合理安排与照顾。例如，在夏天为员工备足消暑的糖水、茶水及饮料等，在冬天则提供足够的食品，如糕点、夜宵等，确保员工吃饱、吃好。

264 夜班安全管理

对于夜班的安全管理，生产经理可采取图12-1所示的措施。

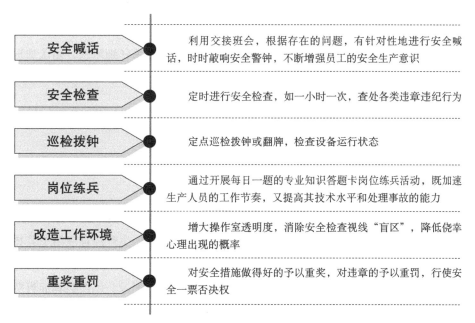

图12-1 夜班安全管理措施

265 规范加班工作程序

要想规范加班工作程序，必须做到以下两点。

1．加班必须申请

员工加班应由直接主管按工作需要指派，如逢节假日加班或加班赶出货等。申请加班时应由加班员工填写"加班申请单"（见表12-7），经生产经理核准审批后交人力资源部备案。

表12-7　加班申请单

编号：　　　　　　　　　　　　　　　　　　　　　　　　　日期：＿＿年＿月＿日

加班原因	
申请班组	
加班人数	
加班性质	□ 工作日加班　　□ 休息日加班　　□ 法定节假日加班
起止时间	
备注	

核准人：　　　　　　　　签字人：　　　　　　　　申请人：

生产经理应掌握生产的进度，在审批"加班申请单"时必须仔细审核，确认加班情形符合企业相关制度的规定后才能签字。

2．加班必须打/刷卡

加班的员工在上下班时都要打/刷卡，否则应追究相关人员的责任。

266 对加班进行检查

生产经理批准了加班申请后，还应不定时到现场巡查，对加班员工进行有效监督。

在巡查的过程中，如果发现员工不是在工作而是在做私事，生产经理应给予其相应的惩罚。如果发现员工消极怠工，则应考虑是否有加班的必要。

生产经理可根据人力资源部的备案记录核实生产部的加班记录，以便核算加班费和了解加班情况。如果员工申请了加班但没有加班，生产经理应了解原因；如果员工没有申请加班但加班了，生产经理要对该情况进行核实。

267 员工工作纪律管理

由于生产部门的人员众多，生产经理必须要加强纪律管理，以维护正常的生产秩序。

1．加强纪律教育

加强对员工的纪律教育，让员工充分认识到遵章守纪的重要性，并有针对性地对那些纪律意识不强的员工进行教育，选用典型的事故案例让他们学习，同他们进行有效沟通，提高他们的认识。

2．加大督察力度

加大督察力度，使违章违纪人员无机可乘。生产经理可从员工中选出一些人组成劳动纪律督察小组，每组两人以上，轮流值班。督察小组要相互监督，秉公执法，对事不对人，有错必究，违章必处，保证执法公平、公正。

3．把握处罚力度

督察小组若发现违章违纪人员，可采取扣该员工工资的做法，但应注意不要出现重复扣款，这样处罚力度适中，既起到了警示作用，也便于员工接受。

第十三章　安全生产管理

导读 >>>

　　要想进行高效的生产活动，生产经理必须做好安全生产管理工作，具体可以从安全教育与检查、目视化安全管理、生产事故预防与处理、制订安全应急方案，以及职业病预防与管理等方面加以控制。

　　Q先生：A经理，请问怎样才能做好安全生产工作呢？

　　A经理：生产现场确实存在着许多不安全因素。你要从配备必要的劳保用品、进行设备安全管理、动火作业安全管理、消防安全管理，以及开展各类安全检查等方面入手，全面消除现场安全隐患，确保生产现场的安全。

　　Q先生：前段时间，公司里发生了一起突发性安全事故，给公司造成了一些损失，请问，我该怎样避免同类事件的发生？

　　A经理：首先，你要制订应急计划并进行演练，避免事故发生时手忙脚乱而不能正确应对；然后，你要注意做好对职业病的预防工作；最后，你要做好目视安全管理，如设置现场安全色等。

第一节　安全生产教育

268　新员工三级安全教育

新员工在进入工作岗位之前，必须先接受厂、车间、班组对其进行劳动保护和安全知识的初步教育，以减少和避免由于缺乏安全技术知识而造成的各种人身伤害事故。新员工三级安全教育的具体内容如表13-1所示。

表13-1　新员工三级安全教育

级别	说明	教育内容	责任部门
厂级	对新员工、调动工作的员工、临时工、合同工、培训及实习人员等在分配到车间和工作地点之前的初步安全教育	（1）安全生产的方针、政策法规和管理体制 （2）工厂的性质及其主要工艺流程 （3）本企业劳动安全卫生规章制度及状况、劳动纪律和有关事故的真实案例 （4）工厂内易发生危险的地点、设备及其安全防护注意事项 （5）新员工的安全心理教育 （6）有关机械、电气、起重、运输等方面的安全技术知识 （7）有关防火、防爆和工厂消防规程的知识 （8）有关防尘、防毒的注意事项 （9）安全防护装置和个人劳动防护用品的正确使用方法 （10）新员工的安全生产责任制等内容	由厂人力资源部门组织、安全部门进行
车间	对新员工或调动工作的员工在分配到车间后进行的第二级安全教育	（1）本车间的生产性质和主要工艺流程 （2）本车间预防工伤事故和职业病的主要措施 （3）本车间的易发生危险的地点及其注意事项 （4）本车间安全生产的一般情况及其注意事项 （5）本车间的典型事故案例 （6）新员工的安全生产职责和遵章守纪的重要性	由车间主管安全的主任负责
班组（岗位）	对新到岗位工作的员工进行上岗之前的安全教育	（1）工段或班组的工作性质、工艺流程、安全生产的概况 （2）新员工将要从事岗位的生产性质、安全生产责任制、安全操作规程以及其他有关安全知识，还有各种安全防护、保险装置的使用	由工段、班组长开展

级别	说明	教育内容	责任部门
班组（岗位）	对新到岗位工作的员工进行上岗之前的安全教育	（3）工作地点的安全生产和文明生产的具体要求 （4）容易发生工伤事故的地点、操作步骤和典型事故案例介绍 （5）正确使用和保管个人防护用品 （6）发生事故以后的紧急救护和自救常识 （7）工厂、车间内常见的安全标志及安全色 （8）工段或班组的安全生产职责范围	由工段、班组长开展

269　特种作业人员安全教育

由于特种作业人员工作的场所、操作的设备、工作内容等具有较大的危险性，容易发生伤亡事故，或对操作者本人、他人以及周围设施的安全构成重大危害。因此，对特种作业人员必须进行专门的安全技术知识教育培训和安全操作技术训练，并经考试合格后才可持证上岗作业。

特种作业包括以下几种：

1．电工作业；

2．金属焊接、切割作业；

3．起重机械（含电梯）作业；

4．企业内机动车辆驾驶；

5．登高架设作业；

6．锅炉作业（含水质化验）；

7．压力容器操作；

8．制冷作业；

9．爆破作业；

10．矿山通风作业（含瓦斯检验）；

11．矿山排水作业（含尾矿坝作业）；

12．由省市、自治区、直辖市安全生产综合管理部门或国务院作业主管部门提出，并经国家经济贸易委员会批准的其他作业。

特种作业人员的培训内容主要包括本工种的专业技术知识、安全教育和安全操作技能训练三个部分，培训方式分为岗前培训和在岗培训两种。

270　"四新"和变换工种教育

"四新"和变换工种教育是指采用新工艺、新材料、新设备、新产品时或员工调换工种时（因为产品调整、工艺更新，必然会有岗位、工种的改变）进行新操作方法和新工作岗位的安全教育。

"四新"安全教育由技术部门负责进行，其内容如图3-1所示。

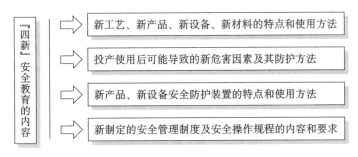

图13-1　"四新"安全教育的内容

"四新"和变换工种人员接受教育后要参加考试，考试合格后要填写变换工种人员（转岗人员）安全教育培训卡"（见表13-2）。

表13-2　变换工种（转岗）人员安全教育培训卡

姓名	性别	年龄	变换工种时间	变换前		变换后		考核成绩	备注
				单位	工种/职务	单位	工种/职务		
厂级教育内容			车间教育内容			班组教育内容			
1.劳动保护、安全生产方针、意义和任务 2.厂内安全规章制度和工厂安全须知 3.伤亡事故报告规程 4.常见事故案例			1.新部门生产特点，危险区域、要害部位及设备分布情况 2.新部门的安全生产组织机构、信息管理体系 3.新部门的安全生产责任制			1.新工种（岗位）特点及操作规程 2.本班组所发生的事故案例 3.对新工种（岗位）有害因素和危险源的预防措施，以及应急预案的基本要点 4.正确使用个人防护用品			
教育人			教育人			教育人			
受教育人			受教育人			受教育人			
教育时间			教育时间			教育时间			

271 复工教育

复工教育是指对离岗三个月以上（包括三个月）和工伤伤愈上岗前的员工进行的安全教育。复工教育的具体情形如图13-2所示。

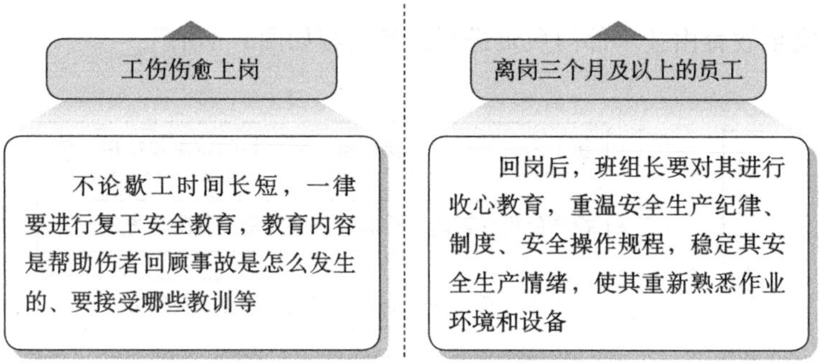

图13-2 复工教育的两种情形

在进行图13-2中两种情形的复工教育前，相应员工均应先到企业安全技术人员处接受教育质询，再携带"复工安全教育培训卡"到班组接受教育。重伤、急性中毒者（需要进行工伤鉴定办理工伤保险的）应到企业安全办接受教育和质询。

272 复训教育

复训教育的对象是特种作业人员。由于特种作业人员不同于其他一般工种，他在生产活动中担负着特殊的任务，危险性较大，容易发生重大事故。一旦发生事故，对整个企业的生产会产生较大的影响，因此必须对特种作业人员进行专门的复训教育。按国家规定，企业每隔两年要对特种作业人员进行一次复训，由设备、教育部门编制计划，聘请教师上课。

273 全员安全教育

全员安全教育实际上就是每年对企业全体员工进行安全生产的再教育。许多工伤事故表明，安全教育隔了较长一段时间后，员工的安全生产意识会逐渐淡薄，因此必须通过全员复训教育提高员工的安全意识。

企业全员安全教育由安技部门组织，车间、班组配合，可采用安全报告会、演讲会的方式进行；班组安全日常活动可采用员工讨论、学习的方式开展，由安技部门统一安排时间学习材料，然后车间、班组组织员工考试，考试后要填写"安全专（兼）职人员安全教育培训台账"。

274　企业日常安全教育

企业日常安全教育包括定期的班组安全学习、工作检查、工作交接制等教育和不定期的事故分析会、事故现场说教、典型经验宣传教育等。企业应用广播、闭路电视、板报等工具进行安全宣传教育。

275　其他情况的安全教育

其他情况的安全教育包括以下几个方面，具体说明如图13-3所示。

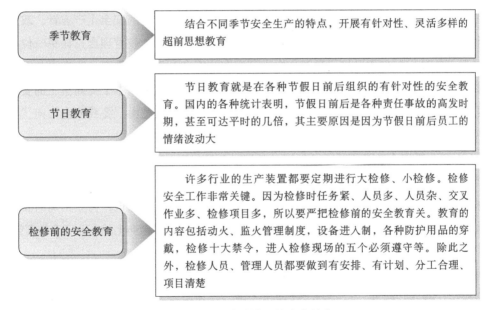

季节教育	结合不同季节安全生产的特点，开展有针对性、灵活多样的超前思想教育
节日教育	节日教育就是在各种节假日前后组织的有针对性的安全教育。国内的各种统计表明，节假日前后是各种责任事故的高发时期，甚至可达平时的几倍，其主要原因是因为节假日前后员工的情绪波动大
检修前的安全教育	许多行业的生产装置都要定期进行大检修、小检修。检修安全工作非常关键。因为检修时任务紧、人员多、人员杂、交叉作业多、检修项目多，所以要严把检修前的安全教育关。教育的内容包括动火、监火管理制度，设备进入制，各种防护用品的穿戴，检修十大禁令，进入检修现场的五个必须遵守等。除此之外，检修人员、管理人员都要做到有安排、有计划、分工合理、项目清楚

图13-3　其他情况的安全教育

276　安全生产教育要有计划

企业应根据培训需求制订安全培训计划，使培训工作在不影响企业正常生产的情况下能

213

够有序进行。安全生产教育计划通常包括以下内容：

1. 培训（教育）目的；
2. 培训（教育）目标；
3. 培训（教育）内容；
4. 培训（教育）内容日程安排；
5. 培训（教育）要求；
6. 培训（教育）考核。

277 加大宣传力度，营造安全教育氛围

企业要建立、健全安全宣教体系，把安全生产宣传纳入政治思想工作的总体布局，坚持正确的舆论导向，营造浓厚的安全教育宣传氛围，充分调动各方面的积极性。

1. 要利用广播、电视、板报、宣传栏等载体

企业要利用广播、电视、板报、宣传栏等载体，大力宣传党的安全生产方针、政策，企业安全生产中的先进人物和先进事迹，以及具有企业特色的安全教育理念，让每一位员工在工作与工余之时、在有意识与无意识之中受到潜在的安全意识宣传教育，在有形与无形当中提高安全意识与自我保护意识，唤起员工对安全健康的渴望，从根本上提高员工的安全意识和觉悟，促使员工认真履行安全责任，执行安全制度，引导员工由"要我安全"向"我要安全"转变。

2. 积极开展安全教育警示

企业要通过组织先进生产者巡回演讲，工伤人员现身说法，开展安全知识竞赛、安全演讲、事故模拟预防等多种形式的活动，普及安全知识，强化安全意识，树立正确的安全价值观，从而使员工在潜移默化中培育安全理念，营造全员参与、健康向上的企业安全教育氛围。

3. 要全力打造安全教育长廊

在企业主要建筑物、会议室、学习室、主要工作场所、车间等地点，要随处可见安全理念的宣传栏、板报、横幅、口号等，促使员工进一步加深对安全理念的理解，从而支持、认同、全力执行企业的安全生产宣传教育工作。

278 要灵活运用各种方式来开展教育

企业要运用各种方式来开展安全教育，具体说明如下。

1．组织学习安全技术操作规程

结合事故案例，讲解违反安全操作规程会造成什么样的危害，启发员工对"采取什么措施才能做到安全生产"进行讨论。要防止说教式的照本宣科、枯燥无味的就事论事，不使学习流于形式。安全技术操作规程的学习可由班组长、班组安全员、工会小组劳动保护检查员组织，也可由班组成员轮流组织。

2．结合安全生产检查进行安全技术教育

根据日常安全检查中发现的问题，针对员工的生产岗位讲解不安全因素的产生和发展规律，以及怎样做才能避免事故的发生。

3．结合技术练兵，组织岗位安全操作的技能训练

安全教育一定要坚持教育与操作实践相结合，如岗位练兵、消防演习等。这样用理论指导实践，实践反过来又推动理论的提高。

4．结合员工思想动态进行安全教育

做员工的思想教育工作时要讲究科学性。要抓住员工思想容易波动、情绪不稳定的时机对症下药，深入细致地做好员工的思想教育工作。

企业在对员工进行思想教育时，应着重抓好以下十个关键点：

（1）新进人员上岗，病假人员、伤愈人员复工及调换工种人员；

（2）员工精神状态、体力或情绪出现异常；

（3）抢时间、赶任务和员工下班前夕；

（4）领导忙于抓生产或处理事故；

（5）员工受表扬、奖励、批评或处分；

（6）工资晋级、奖金浮动、住房分配、工作变动；

（7）员工遭受天灾人祸；

（8）节假日前后（包括节假日加班）；

（9）重点岗位、重点操作人员；

（10）发生事故后。

5．签订师徒合同，包教包学

让有经验的老员工带徒弟，言传身教，是传授安全技术的有效方法。做到这一点的关键是要选择政治思想好、业务技术精、安全素质高、责任心强、作风正派、经验丰富的老员工担任师傅之职。

6．开展安全竞赛活动和实施安全奖惩

在班组中开展安全竞赛、创无事故记录活动等，并给予适当奖惩，这是促使员工实现安

全生产的一种有效手段，也是安全教育的一种基本方法。

7. 采取多样化的教育

要树立"安全第一"的思想，绝不是一日之功，需要进行长期的、重复的教育才能见成效。在重复教育中，要力求形式新颖，动之以情，晓之以理，寓教于乐。经常采取一种形式的教育会导致员工从心理上产生反感和抵制性。为了使教育达到良好的效果，所采取的形式必须多样化。一般可采取学习班讲课、安全演讲会、研讨会、安全技术讲座、安全知识竞赛、班前班后会、事故分析会、安全活动日，以及安全展览、黑板报、广播、电视、电影、文艺演出等形式进行宣传教育。

279　安全生产教育要有记录

每次安全生产教育完成后，要对培训效果进行考核，考核形式有答卷、现场提问、现场操作演示等，考核后必须形成考核记录及总结性评价。

生产经理必须做好所有安全生产教育的记录档案管理，如培训教材、培训照片、签到表、记录表。

第二节　安全生产检查

280　安全生产检查的内容

安全生产检查的内容如下。

1. 查物的状况是否安全

检查生产设备、工具、安全设施、个人防护用品、生产作业场所以及生产物料的存储是否符合安全要求。该部分重点检查的内容如下：

（1）危险化学品生产与储存的设备、设施和危险化学品专用运输工具是否符合安全要求；

（2）在车间、库房等作业场所设置的监测、通风、防晒、调温、防火、灭火、防爆、泄压、防毒、消毒、中和、防潮、防雷、防静电、防腐、防渗漏、防护围堤和隔离操作的安全设施是否符合安全运行的要求；

（3）通信和报警装置是否处于正常使用状态；

（4）危险化学品的包装物是否安全可靠；

（5）生产装置与储存设施的周边防护距离是否符合国家规定，事故救援器材及设备是否齐备、完好。

2．查人的行为是否安全

检查是否有违章指挥、违章操作及其他违反安全生产规章制度的行为。该部分重点检查危险性大的生产岗位是否严格按操作规程作业、危险作业是否执行审批程序等。

3．查安全管理是否完善

检查安全生产规章制度是否健全，安全生产责任制是否落实，安全生产管理机构是否完善，安全生产目标和工作计划是否落实到各部门、各岗位，安全教育是否经常开展，安全生产检查是否制度化、规范化，发现的事故隐患是否及时整改，实施安全技术与措施计划的经费是否落实，是否按照"四不放过"原则做好事故管理工作。

该部分重点检查从事特种作业和危险化学品生产、经营、储存、运输、废弃处置的人员和装卸管理人员是否都经过安全培训并考核合格取得上岗资格，是否制定了事故应急救援预案并定期组织救援人员进行演练等。

281 作业岗位日常检查

作业岗位工人每天在开展工作前先对设备进行检查，确认安全后才操作，主要检查内容如下：

1．设备是否完好、安全，安全防护装置是否有效；

2．工具是否符合安全规定，个人防护用品是否齐备、可靠；

3．作业场所和物品放置是否符合安全规定；

4．安全措施是否完备，操作要求是否明确。

检查中发现的问题应及时解决，问题处理完毕才能继续作业。如无法处理或无把握的，作业工人应立即向班组长报告，待问题解决后才可作业。

282 安全人员日常巡查

企业安全主任、安全员等安全管理人员应每天到生产现场进行巡视，检查安全生产情况，主要内容如下：

1．作业场所是否符合安全要求；

2．生产工人是否遵守安全操作规程，有无违章违纪行为；

3．协助生产岗位的员工解决安全生产方面的问题。

283　定期综合性安全检查

企业应定期进行综合性安全检查，检查范围包括全厂检查和车间检查，检查周期根据实际情况确定。一般全厂性的检查每年不少于两次，车间的检查每季度一次。

1．检查人员及内容

定期综合性安全检查应成立检查组，按事先制订的检查计划进行，对企业的安全生产工作开展情况以查管理为主。

（1）检查安全生产责任制的落实情况。

（2）检查领导思想上是否重视安全工作，行动上是否认真贯彻"安全第一、预防为主"的方针。

（3）检查安全生产计划和安全措施技术计划的执行情况，安全目标管理的实施情况，各项安全管理工作的开展情况，包括制度建设、宣传教育、安全检查、重大危险源安全监控、隐患整改等。

（4）检查各类事故是否按"四不放过"的原则进行处理，事故应急救援预案是否落实，有无组织演练。

（5）对生产设备的安全状况进行检查，重点检查主要危险源及安全生产易发生危险部位的安全状况。

2．检查要求

（1）检查组应对照事先制定好的安全检查表逐项检查，并做好记录。

（2）对检查发现的隐患要发出整改通知，规定整改内容、期限和责任人，并对整改情况进行复查。

（3）检查组应针对检查发现的问题进行分析，提出解决办法，同时根据检查所了解的情况评估企业、车间的安全状况，确定改善安全生产管理的措施。

284　专业安全检查

有些检查的内容具有很强的专业性，需要由专业技术人员进行，如锅炉压力容器、起重机械等特种设备的安全检查，电气设备安全检查，消防安全检查等。专业安全检查通常还需要借助一些专业仪器，检查的项目、内容一般是由相应的安全技术法规、安全标准做了详细规定，这些法规、标准是专业安全检查和安全评判的依据。

专业安全检查可以单独组织，也可以结合定期综合性检查进行。

285　季节性安全检查

不同季节的气候条件会给安全生产带来不同的影响。例如，春季潮湿气候会使电气绝缘性能下降而导致触电起火等事故，夏季高温气候易发生人员中暑事故，秋冬季节风高物燥易发生火灾，雷雨季节易发生雷击事故。

季节性检查是检查防止不利气候因素导致事故的预防措施是否落实。例如，雷雨季节即将到来前检查防雷设施是否符合安全标准，夏季检查防暑降温措施是否落实等。

286　要明确安全检查职责

要想使安全检查取得成效，落到实处，而不是流于形式，生产经理就必须做好安全检查的组织领导工作，使检查工作更加规范系统。

安全检查工作千头万绪，内容繁杂多样，企业应明确检查工作的职责，通过制度明确规定各项检查的责任人，主要包括以下内容：

1．岗位日常检查工作可纳入岗位安全操作规程，由操作人员负责；

2．安全人员日常巡查工作在安全人员岗位责任制中的具体规定；

3．专业安全检查的职责可按"管生产必须管安全，谁主管谁负责"的原则，按设备设施的管辖确定检查职责，如工程部的起重设备的专业检查由工程部负责。

287　检查要有计划

企业在进行安全检查前应先制订检查计划，检查计划应包括检查的目的、对象、范围、项目、时间和检查人员，以保证检查工作高效有序进行，避免漏检。

检查计划由检查小组制订，其可制定一份安全检查表。检查时对照检查表逐项检查，并做好检查记录。检查人员要熟悉业务，在现场检查中能识别危险源和事故隐患，并掌握相应的安全技术标准。

下面是某企业的年度安全检查计划表，仅供读者参考。

【经典范本04】2019年××公司安全检查计划

2019年××公司安全检查计划

序号	检查形式	检查时间	检查人员	检查目的	检查内容
1	公司综合性安全检查	每月一次	安委会、部门负责人	对作业过程和作业环境中的潜在危险、有害因素状况进行检查，以便及时采取防范措施，防止和减少事故的发生	作业现场检查、操作人员安全检查、现场安全管理检查
2	专项检查	每月一次	安委会、部门负责人	对特种设备、起吊器具、移动电气线路、压力容器、水电气管网、危险化学品以及重大危险源等进行专项安全检查，防止和减少事故的发生	安全性能、使用存放、维护保养、定期检修、日常巡检等检查
3	车间级安全检查	每月两次	车间负责人、安全管理员、各班组长	对生产过程及安全管理中可能存在的隐患、有害危险因素、缺陷等进行查证，以制定整改措施，消除或控制隐患以及有害与危险因素，确保生产安全	作业人员安全职责，设备、工艺、电气、仪表、安全教育、关键装置及重点部位、特种设备等检查
4	日常安全检查	每周一次	车间负责人、各班组长	以每周检查的方式保障现场作业持续、协调、稳定、安全进行	作业环境、安全管理、安全作业、岗位安全生产、安全意识行为以及安全操作规程检查和巡回检查
5	夏季安全检查	5月	安委会、部门负责人	确保夏季的安全生产环境和秩序，保障生产安全运行	防暑降温、防雷、防中毒、防汛等预防性季节检查
6	秋季安全检查	10月	安委会、部门负责人	确保秋季、冬季的安全生产环境和秩序，保障生产安全运行	防火防爆、防雷电、防冻保暖、防滑等预防性季节检查

（续表）

序号	检查形式	检查时间	检查人员	检查目的	检查内容
7	节假日前安全检查	节假日前两天	安委会、部门负责人	保证节假日期间装置、设备、设施、工具、附件、人员等处于安全状态	节假日前安全、保卫、防火防盗、生产物资准备、应急物资、安全隐患等方面的检查
8	节假日期间安全检查	节假日期间	值班人员	通过在公司节假日期间进行安全检查，保证假日后的正常生产	节假日期间防火防盗、物资安全等方面的检查
9	厂房、建筑物安全检查	12月	安委会、部门负责人	对生产过程中使用的厂房和建筑物可能存在的隐患、有害危险因素、缺陷等进行检查、消除或控制隐患及有害与危险因素，确保生产安全进行	对生产过程中使用的厂房、建筑物可能存在的隐患、有害危险因素、缺陷等进行检查
10	安全设施、设备检查	6月	安委会、部门负责人	保证各消防设施状态良好、安全可用	各种消防器材、设备的检查
11	职业卫生安全检查	11月	安委会、部门负责人	保证作业场所的职业危害因素符合国家和行业标准，保证员工职业健康	对作业场所的职业危害因素的检查

各类检查围绕"六查"进行，即查思想、查制度、查管理、查隐患、查事故处理、查安全技术措施落实和安全资金的投入情况。各级管理人员、工程技术人员、操作人员按检查计划要求进行检查，每次检查后均应填写相应检查记录（表）；检查中若发现问题，应有针对性地进行隐患整改，并验证整改效果、做好总结；所有安全检查应建立安全检查台账。

288 安全检查表的种类

安全检查表的种类及项目内容说明如表13-3所示。

表13-3　安全检查表的种类及项目内容

序号	种类	适用范围	主要内容
1	设计审查用安全检查表	设计审查用安全检查表主要供设计人员和安全检查监察人员及安全检查评价人员在设计审核时使用，也作为"三同时"的安全预评价审核的依据	(1) 平面布置 (2) 装置、设备、设施工艺流程的安全性 (3) 机械设备设施的可靠性 (4) 主要安全装置与设备、设施布置及操作的安全性 (5) 消防设施与消防器材 (6) 防尘防毒设施、措施的安全性 (7) 危险物质的储存、运输、使用 (8) 通风、照明、安全通道等
2	企业安全检查表	主要用于全厂性安全检查和安全生产动态的检查，供安全监察部门进行日常安全检查和24小时安全巡回检查时使用	(1) 各生产设备设施、装置装备的安全可靠性，各个系统的重点不安全性部位和不安全点（源） (2) 主要安全设备、装置及设施的灵敏性和可靠性 (3) 危险物质的储存与使用 (4) 消防和防护设施的完好性 (5) 员工操作规程管理及遵章守纪情况等
3	各专业性安全检查表	主要用于专业性的安全检查或特种设备的安全检验，如防火防爆、防尘防毒、防暑降温、工业气瓶、配电装置、机动车辆、电气焊等	检查表的内容应符合专业安全技术防护措施要求，如设备结构的安全性、设备安装的安全性、设备运行的安全性、运行参数指标的安全性、安全附件和报警信号装置的安全可靠性、安全操作的主要要求及特种作业人员的安全技术考核等

289　编制安全检查表的注意事项

检查表要力求系统完整，不漏掉任何能引发事故的危险关键因素。因此，检查人员编制安全检查表时应注意以下问题：

1．检查表内容要重点突出，简繁适当，有启发性；

2．各类检查表的项目内容应针对不同被检查对象有所侧重，分清各自职责内容，尽量避免重复；

3．检查表的每项内容要定义明确，便于操作；

4．检查表的项目内容能随工艺的改造、环境的变化和生产异常情况的出现而不断修订、变更和完善；

5．列出导致事故的一切不安全因素，确保各种不安全因素被及时发现并消除；

6．实施安全检查表应依据其适用范围，并经各级领导审批,使企业管理者重视安全检查。检查人员应将查出的问题及时反馈给各相关部门并落实整改措施，做到责任明确。

290　安全检查表的应用

为了取得预期目的，检查人员应用安全检查表时要注意以下问题，具体说明如图13-4所示。

各类安全检查表都有适用对象，不宜通用	例如，专业检查表与日常定期检查表要有区别。专业检查表应详细、突出专业设备安全参数的定量界限，而日常检查尤其是岗位检查应简明扼要，突出关键和重点部位
应落实安全检查人员	企业厂级日常安全检查可由安技部门现场人员和安全监督巡检人员会同有关部门联合进行，车间的安全检查可由车间主任或指定车间人员检查，岗位安全检查一般指定专人进行，检查后应签字并提出处理意见备查
应将相关安全检查管理制度列入检查表	与巡回检查制度结合起来，将安全例会制度、定期检查工作制或班组交接班制度相关内容列入检查项目中
严格按安全检查表进行检查	应用安全检查表，必须按编制的内容逐项、逐点检查，有问必答、有点必检，按规定的符号填写清楚，为系统分析及安全评价提供可靠、准确的依据

图13-4　应用安全检查表时应注意的问题

291　编制安全隐患排查报告

每次检查结束后，安全员要编制"安全隐患排查报告书"（见表13-4）。报告书必须列明隐患内容、隐患地点、隐患原因以及隐患等级。另外，安全员还要填写"安全隐患整改通知单"要求相关人员进行整改。

表13-4 安全隐患排查报告书示例

安全隐患排查报告书

重大安全事故隐患名称：

重大安全事故隐患所在车间：

重大安全事故隐患所在地点：

重大安全事故隐患所属部门负责人： 电话：

发现时间： 确认时间：

重大安全事故隐患评估确认单位：

重大安全事故隐患类别和等级：

影响范围：

影响程度：

整改措施：

整改资金来源及保障措施：

整改目标：

预计整改完成时间：

是否有监控措施： 是否有应急预案：

重大安全事故隐患整改负责人： 电话：

重大安全事故隐患整治监督人：

说明：

填报车间负责人： 填报人： 联系电话：

填报日期： 年 月 日

292 要做好整改和分析总结工作

检查结束后，检查人员要做好整改和分析总结工作。

1. 整改

检查是手段，目的在于发现问题、解决问题，企业应该在检查过程中或检查后发动员工及时整改。

整改应实行"三定"（定措施、定时间、定负责人）、"四不推"（班组能解决的不推到工段，工段能解决的不推到车间，车间能解决的不推到厂，厂能解决的不推到上级）。对于一些长期危害员工安全和健康的重大隐患，整改措施应件件有交代、条条有着落。

为了督促各单位做好事故隐患整改工作，应使用"事故隐患整改通知书"，指定被查单位限期整改。对于企业主管部门或劳动部门下达的隐患整改通知、监察意见和监察指令，接到通知的单位必须严肃对待，认真研究执行，并将执行情况及时上报有关部门。

2．分析总结工作

企业要根据检查掌握的情况进行分析、研究，以便对总体的安全状况有一个全面完整的认识，并制定进一步改善安全管理、提高安全防护能力的具体措施。

293 不可忽视复查

复查是对安全检查成果的巩固和检验。复查一般要注意两个方面，一是对重点环节的复查，二是对检查中所发现问题的整改落实。

294 整改安全隐患

发现安全事故隐患后，生产经理必须对安全隐患进行整改，具体整改要点如下。

1．整改命令需要及时发出。

2．整改通知需要用文字形式发出，并保持记录（见表13-5）。

3．整改责任人必须落实到位。

4．整改计划必须明确。

表13-5 安全隐患整改通知单

编号：　　　　　　　　　　　　　　　　　　　　　　　日期：___年__月__日

致：　　　　　（车间） 经检查发现，车间现场存在下列安全隐患： _____ _____ 限于___年__月__日前完成整改，并向我单位提出整改复查申请。 生产部安全委员会（签章）： 　　　　　　　　　　　　　　　　　　　　　　日期：___年__月__日 签收人： 　　　　　　　　　　　　　　　　　　　　　　日期：___年__月__日

制表人：　　　　　　　　　　　　审核人：

295　跟进安全隐患整改情况

生产经理要对整改计划实施情况进行必要的跟进，跟进的主要项目如下。

1．整改计划的实施进度。

2．整改计划的实施效果。

3．整改完毕，必须整理整改报告（见表13-6）。

表13-6　安全隐患整改报告

事故隐患部门		地点		发现隐患时间	
安全生产第一责任人		职务		安全生产责任人	职务
安全生产 监督检查部门		责令整改 时间		整改期限	
事故隐患					
整改过程 （落实整改时间和措施）					
整改结果 （排除事故隐患情况）					

第三节　现场目视安全管理

296　设置现场安全色

安全色是根据人对颜色的不同感受而确定的。安全色用以表达禁止、警告、指令和提示等含义，因此安全色要容易辨认和引人注目。我国国家标准中规定采用红、蓝、黄、绿四种颜色为传递安全信息含义的颜色，即安全色。

安全色的具体含义及用途如表13-7所示。

表13-7 安全色的含义及用途

颜色	含义	具体用途举例
红色	禁止 停止	禁止标志 停止信号：机器、车辆上的紧急停止手柄或按钮，以及禁止作业人员触动的部位
		红色也表示防火
蓝色	指令必须遵守的规定	指令标志 如必须佩戴个人防护用具，道路上指引车辆和行人行驶方向的指令
黄色	警告注意	警告标志 警戒标志 如企业内部危险机器和坑池边周围的警戒线
		行车道中线 机械上齿轮箱内部 安全帽
绿色	提示 安全状态 通行	提示标志 车间内的安全通道 行人和车辆通行标志 消防设备和其他安全防护设备的位置标识

注：1. 蓝色只有与几何图形同时使用时才表示指令；
　　2. 为了不与道路两旁绿色行道树相混淆，道路上的提示标志应用蓝色。

统一使用安全色，能使作业人员在紧急情况下，借助于所熟悉的安全含义识别危险状况，及时采取防护措施，防止和减少事故的发生。

297　设置现场对比色

对比色是指使安全色更加醒目的反衬色。对比色有黑白两种颜色，黄色安全色的对比色为黑色。红、蓝、绿安全色的对比色均为白色。黑、白两色互为对比色，具体如表13-8所示。

表13-8 对比色

安全色	相应的对比色
红色	白色

（续表）

安全色	相应的对比色
蓝色	白色
黄色	黑色
绿色	白色
黑色	白色
白色	黑色

生产管理人员在使用对比色时，应注意以下事项。

1．黑色用于安全标志的文字、图形符号，警示标志的几何图形和公共信息标志。

2．白色作为安全标志红、蓝、绿色安全色的背景色，也可用于安全标志的文字和图形符号或安全通道、交通的标线及铁路站台上的安全线等。

3．红色与白色相间的条纹比单独使用红色更加醒目，表示禁止通行、禁止跨越等，用于标识公路交通等方面的防护栏杆及隔离墩。

4．黄色与黑色相间的条纹比单独使用黄色更为醒目，表示要特别注意，用于标识起重吊钩、剪板机压紧装置、冲床滑块、压铸机的运动板、圆盘送料机的圆盘、低管道及坑口防护栏杆等。

5．蓝色与白色相间的条纹比单独使用蓝色更为醒目，用于指示方向，多为交通指导性导向标，其含义及用途如表13-9所示。

表13-9　间隔条纹标志的含义及用途

颜色	含义	用途举例
红色与白色	禁止越过	道路上用的防护栏杆
黄色与黑色	警告危险	工矿企业内部的防护栏杆 吊车吊钩的滑轮架 铁路和道路交叉道口上的防护栏杆

298　设置现场安全标志

安全标志是由安全色、边框和以图像为主要特征的图形符号或文字构成的标志，用以表达特定的安全信息。安全标志分为禁止标志、警告标志、命令标志和提示标志四大类，具体内容如图13-5所示。

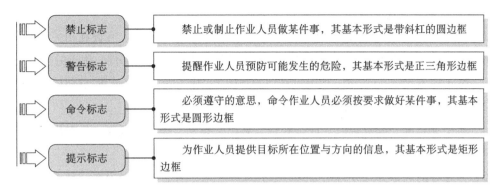

图13-5　现场安全标志

299　设置安全标志牌

设置安全标志牌时应注意的事项如下。

1．安全标志牌制作

制作安全标志牌时必须根据相关标准执行。安全标志牌应自带衬底色，用其边框颜色的对比色在边框周围勾出一个窄边作为安全标志的衬底色。标志边框用黄色勾边，衬底色的宽度至少为2毫米，但不超过10毫米。有触电危险的场所的安全标志牌，应当使用绝缘材料制作。

2．安全标志牌型号选用

根据尺寸大小，安全标志牌可分为七种型号，一型最小，七型最大。型号选用的规定如下。

（1）企业入口处设六型或七型。

（2）车间入口处、企业内部设五型或六型。

（3）车间内设四型或五型。

（4）局部信息标志牌设一型、二型或三型。

（5）在企业内部，当所设标志牌的观察距离不能覆盖全车间时，应多设几个标志牌。

3．安全标志牌设置高度

标志牌的设置高度应尽量与人的视线保持一致。标志牌与人的视角夹角应接近90°。

300 使用安全标志牌的要求

安全标志牌的使用要求如下。

1．标志牌应设在相应的安全部位，并确保醒目。环境信息标志宜设在相关场所的入口处和醒目处。局部信息标志应设在所涉及的相关危险地点或设备（部件）附近的醒目处。

2．标志牌不应设在门、窗、架等可移动的物体上，标志牌前不得放置妨碍认读的障碍物。

3．标志牌应设置在明亮的环境中。

4．多个标志牌一起设置时，应按警告、禁止、指令、提示的顺序，先左后右、先上后下排列。

5．标志牌的固定方式分为附着式、悬挂式和柱式三种。无论采用哪一种方式，都要确保安全标志牌的牢固、稳定。

301 检查和维修安全标志牌

生产管理人员每年至少要对安全标志牌检查一次，如发现有破损、变形、褪色等不符合要求的标志牌，应及时对其进行修整或更换。

302 设置职业病危害标志

设置职业病危害标志时要做到以下几点。

1．危害标志说明

常见的危害标志有禁止标志、警告标志、命令标志、提示标志以及警示线等。

2．危害标志设置场所

（1）作业场所：使用或放置有毒物质和可能产生其他职业病危害的作业场所。

（2）设备：可能产生职业病危害的设备上或设备前方的醒目位置。

（3）产品外包装：可能产生职业病危害的化学品，放射性同位素和含放射性物质材料的产品外包装应设置醒目的警示标志和简要的中文警示说明。

警示说明应载明产品特性、存在的有害因素、可能产生的危害后果、安全使用注意事项以及应急救治措施等内容。

（4）储存场所：储存有毒物质和可能产生其他职业病危害的场所。

（5）发生职业病危害事故的现场。

3．设置位置

（1）应设在与职业病危害工作场所相关的醒目位置，并保证在一定距离和多个方位能够清晰地看到其所表示的内容。

（2）在较大的作业场所，生产经理应按照相关标准规定的布点原则和要求设置危害标志。岗位密集的作业场所应当选择有代表性的作业点设置一个或多个危害标志；分散的岗位应当在每个作业点分别设置危害标志。

（3）危害标志不得设置在门、窗等可活动的物体上；危害标志前不得放置妨碍视线的障碍物。

（4）危害标志设置的位置应具有良好的照明条件。

303　张贴现场安全标语

张贴现场安全标语时应注意的事项如下。

1．注意做到与周边环境统一

安全标语应与周边环境保持统一。

2．突出本企业安全工作的重点和难点

每家企业都有各自的发展历程和发展战略，宣传工作一定要紧跟企业的发展，不能一成不变。企业标语只有与时俱进，才能最大限度地发挥标语的警示作用。

3．体现人性化

一句口号是否能深入人心、引起员工共鸣，不仅要看它是否道出了员工的心声，还要看它是如何表述出来的。标语建设要将关心人、理解人、尊重人、爱护人作为基本出发点，研究如何采取动之以情、晓之以理的方式方法，适应员工的心理和文化需求，增强安全生产标语的亲和力和感染力，避免居高临下式的空洞说教。

第四节　生产事故预防与处理

304　分析生产事故发生的原因

生产事故发生的原因一般源于"物"与"人"两个方面，具体内容如表13-10所示。

表13-10 生产事故发生的原因

事故原因	具体实例分析
物的原因 （不安全的状态）	（1）设备的构造不良 （2）机械、器具、设备的缺陷（不完全的机械设备与工具，常是造成员工作业伤害的最主要原因） （3）通道与作业点的条件不良（如狭窄的通道与不安定的作业点，也是常发生事故的原因） （4）安全装置与安全标志不良 （5）采光与照明不完全 （6）企业内部的整顿与清扫工作执行不彻底 （7）作业空间不充足 （8）材料或部分半成品不良（企业经常因半成品或材料不良，造成作业迟滞与生产事故的发生） （9）作业的安全道具与护具不良或完全不具备 （10）其他条件
人的原因 （不安全的状态）	（1）程序的分配、作业的方式、作业时间等条件的安排不合理 （2）基本作业知识与技术不足 （3）企业内的作业指导与教育培训工作没有切实执行 （4）员工对企业的规则与上司的指示不重视，或管理者对作业规则与命令的执行疏于管理（如员工不按要求穿戴安全作业装备、机械运转速度超出规定的限制等） （5）作业态度一般，行为不良 （6）作业动作与姿势不良（作业处于不合理的位置、危险的动作与不良的作业姿势，都是影响其他同事作业与造成事故的原因） （7）员工情绪起伏大 （8）员工身体的不适 （9）员工身心不平衡（如与同事之间产生矛盾） （10）共同作业上的联络不充足

305 实行作业科学化管理

要想实行作业科学化管理，必须做到以下两点。

1. 单调性作业的调节

单调的工作使人感到枯燥乏味，容易产生心理疲劳，使生理疲劳提前来到，导致工作效率降低。生产经理可以采用充实操作内容、建立中间目标、实行色彩和音乐的调节、定期轮换工作、创造新鲜感等方式予以控制。

2. 工作节奏设计

工作节奏过快会增加劳动的强度，使员工感到紧张，从而导致疲劳加剧并诱发操作失误，最终造成工伤事故。工作节奏过慢则会使员工因等待而烦躁不安，注意力分散，反应速度降低，以致降低劳动生产率，这对安全也是不利的。

确定适当的工作节奏应该兼顾提高工作效率和减轻员工劳动强度两方面的要求，要反对片面追求产值产量，而不断增加劳动定额或加速机器运转（流水生产线）的倾向。

306　制定安全操作规范

生产经理可以通过制定安全操作规范来指导员工作业，并加强对员工的日常培训，使其熟练掌握相关规范。以下是某公司制定的安全操作规范，供读者参考。

【经典范本 05】××公司数控车床安全操作规范

××公司数控车床安全操作规范

1. 上班必须按要求穿工作服，否则不许进入车间。
2. 禁止戴手套操作机床，若留长发要戴帽子或发网。
3. 所有实验步骤须在实训教师的指导下进行，未经指导教师同意，不许开动机床。
4. 机床开动期间严禁离开工作岗位做与工作无关的事情。
5. 严禁在车间内嬉戏、打闹。机床开动时，严禁在机床间穿梭。
6. 未经指导教师确认程序正确前，不许动操作箱上已设置好的"机床锁住"状态键。
7. 拧紧工件：保证工件牢牢固定在三爪盘上。
8. 移去调节的工具：启动机床前应检查是否已将板手等工具从机床上拿开。
9. 采用正确的速度及刀具：严格按照实验指导书的推荐选择正确的刀具及加工速度。
10. 机床运转中，绝对禁止变速。需变速或换刀时，必须保证机床完全停止，开关处于"OFF"位置，以防发生机床事故。
11. 芯轴插入主轴前，芯轴表面及主轴孔内必须彻底擦拭干净，不得有油污。

【经典范本 06】机床维修保养规范

机床维修保养规范

1. 保持工作范围的清洁，使机床周围保持干燥，确保工作区域照明良好。

2. 保持机床清洁，每天开机前对各机床加油润滑，使机床空运转三分钟后按说明调整机床，检查机床各部件手柄是否处于正常位置。

3. 机床工作100个小时后，为其更换车头箱内的机油。

4. 爱护机床工作台面和导轨面的卫生。毛坯件、手锤、扳手、锉刀等不准直接放在工作台面和导轨面上。

5. 下班前按计算机程序关闭计算机，切断电源并将键盘、显示器上的油污擦拭干净。

6. 员工必须在每天下班前半小时，关闭计算机、清洁机床、对各机床加油润滑、打扫车间的环境卫生，待各项工作完成后方可离岗。

307 做好个体防护管理

个体防护是指通过对个体的预防（如防护用品的佩戴等方面的管理）来降低安全事故发生的概率。

1．加强防护用品的管理和维护保养

（1）工作服要定期清洗。

（2）专用防酸和防碱工作服、长管面具、橡胶手套等使用后，若有污染，一定要及时清洗，并放在专柜妥善保管。

（3）要定期检查氧气呼吸器的钢瓶气压，压力不足时应及时换瓶或充氧。

（4）使用完防毒面具后，要用胶塞塞紧滤毒罐，再次使用时要记得先打开胶塞。

（5）要经常对滤毒器进行称重或其他检查，发现失效要立即更换。

2．合理使用个体防护用品

（1）个体防护用品包括防护口罩、防毒面具、耳塞、耳罩、防护眼镜、手套、围裙、防护鞋等。

（2）合理、正确地使用防护用品非常重要，特别是在抢修设备等操作时，更要注意防护。

（3）在接触容易被皮肤吸收的毒物或酸、碱等化学物品时，要注意皮肤的防护，如穿防酸、防碱工作服，戴橡胶手套等。

（4）在噪声工作区作业时，从隔声间出来到现场巡回检查时应及时佩戴耳塞或耳罩。

（5）在有毒有害的作业场所作业，应按规定穿特定工作服；在有特别要求的岗位上，应随身携带防毒面具，以备一旦发生意外泄漏毒物事故时立即佩戴。

308 推行安全生产责任制

安全生产责任制是企业岗位责任制的一个组成部分，也是企业中最基本的一项安全制度，还是企业安全生产、劳动保护管理制度的核心。生产经理应在生产部内部推行安全生产责任制，具体措施如表13-11所示。

表13-11 推行安全生产责任制的措施

序号	措施	具体内容
1	修改完善	提高各级管理者对安全生产的认识，增强他们贯彻执行安全生产责任制的自觉性
2	定期检查	认真总结安全生产工作的经验教训，按照不同人员、工作岗位和生产活动情况，明确规定具体的职责范围
3	提高认识	在执行过程中要随着生产的发展和科学技术水平的提高，不断地修改和完善安全生产责任制
4	认真总结	部门各级管理者必须经常和定期检查安全生产责任制的贯彻执行情况，发现问题要及时解决。对执行好的单位和个人应当给予表扬。对不负责任或由于失误而造成工伤事故的，应予以批评或处分
5	全员参与	在安全生产责任制的制定和贯彻执行的过程中，要发动全员参加讨论，广泛听取员工意见。在制度审查批准后，要让全体员工都知晓，以便监督检查

309 加强作业环境安全管理

在导致生产事故发生的各项因素中，环境因素不可忽视，通常脏乱的工作环境、不合理的布置、不合适的搬运工具、危险的工作场所都容易导致事故发生。因此，在安全防范中，生产经理要对生产现场加以整理和整顿。

1. 生产现场的采光与照明是否足够？
2. 生产现场通风状况是否良好？
3. 生产现场是否有碎铁屑与木块？是否会影响作业？
4. 生产现场的通道是否足够宽敞？是否有障碍物存在？
5. 生产现场的地板上是否有油或水？是否会对员工的作业造成影响？
6. 生产现场的窗户是否干净？
7. 防火设备是否能正常发挥功能？是否对其进行定期的检查？
8. 载货的手推车在不使用的时候，是否存放在了指定的地点？

9. 作业安全宣导的标语是否贴在了最引人注目的地方？

10. 设备装置与机械是否依安全手册的规定置于正确的地点？

11. 机械的运转状况是否正常？润滑油装填的地方是否有油漏到作业地板上？

12. 下雨天，雨具是否放置在规定的地方？

13. 生产现场是否置有危险品？其管理是否妥善？是否做了定期检查？

14. 生产现场入口的门是否处于最容易开启的状态？

15. 放置废物与垃圾地方的通风条件是否良好？

16. 日光灯的台座是否牢固、干净？

17. 电气装置的开关或插座是否有脱落的地方？

18. 机械设备的附属工具是否摆放整齐？

19. 员工是否能够深入地了解上司的指示与注意点，并依序执行？

310　实行安全工作确认制

对曾经经历过、感受过的事物再度感知、认识叫认知（或再认）。准确的认知叫确认，规定制度来保护确认就是确认制。

1. 确认的程序

确认的程序包括作业准备的确认、作业方法的确认、设备运行的确认、关闭设备的确认以及多人作业的确认。

2. 确认的方法

确认的方法如表13-12所示。

表13-12　确认的方法

序号	内容	具体说明
1	手指呼唤	用手指着作业对象的操作部位，用简练的语言口述或呼喊，明确操作要领，然后再进行操作。这一过程可以简述为："一看、二指、三念、四核实、五操作"。例如，在巡视检查锅炉的工作状况时，可以用手指着锅炉的仪表，看着显示的数字呼喊："×炉号，压力10，温度200℃，正常"
2	模拟操作	对于复杂且重要的工作，在采用手指呼唤的同时还应进行模拟操作，经过模拟操作，确认无误后方可正式进行操作。模拟操作最好实行操作票制，即把正确的操作步骤、方法写在操作票上，逐项核对、确认，然后进行操作。必要时，应该由两个人同时进行确认，即一人监护，一人操作。具体来说，就是由第一人呼唤，第二人复诵并模拟进行操作（可制作模拟操作板），第一人认可后，命令执行，第二人再进行操作

序号	内容	具体说明
3	无声确认	即默忆和简单模仿正确作业的方法，"一停、二看、三通过"的方法就属于此类。这种确认方法不能有效调动作业人员的积极性，只适用于简单的作业
4	呼唤应答	对于互相配合的作业则采取呼唤应答确认，即一方呼唤，另一方应答，第一方确认应答正确后命令执行，另一方再进行操作。在呼唤应答的同时，还应辅以适当的手势和动作

311　沟通事故危险信息

当人们未能及时捕捉到事故危险信息时，事故极易发生。一般来说，事故危险信息主要存在以下几种情况。

1．危险信息存在，但由于人本身的限制及外界因素的干扰，当事人未能及时发现，并且未采取有效的回避、处理措施，极有可能发生事故。

2．危险信息存在，但是没有给予适当的沟通或危险标记，当事人自己又不能发现其危险性时，极易发生事故。

3．危险是存在的，但并没有以一种信息的形式（如指示灯、手势等）反映出来。相反，却以一种正常的信息出现在当事人面前，这也极易导致事故的发生。

4．危险并不存在，但由于外界的干扰（如仪表的错误显示、人员的骚扰等），极有可能给当事人以存在危险信息的感觉，此时，如果当事人采取回避反应，极易发生事故。

5．危险不存在，并且给当事人一种无危险的信息显示时，也有可能因为当事人的麻痹大意而发生事故。这就是"风险平衡理论"指出的"往往越安全的地方越危险"。

针对以上情况，生产经理应做出相关规定，加强事故危险信息的沟通。

312　编制岗位安全应急卡

岗位安全应急卡是指通过风险评估、危险因素的排查，确定危险岗位，有针对性地制定各种可能发生事故的应急措施，从而编制具有应急指导作用的简要文书。

1．岗位安全应急卡的编制

编制岗位安全应急卡（见表13-13）时要做到内容通俗易懂且注重实效，要具有很强的针对性和可操作性，要明确可能发生事故的具体应对措施，并着重解决事故发生时生产一线员工"怎么做、做什么、何时做、谁去做"的问题，使员工能够及时正确地处置事故，报告事故情况。

表13-13　岗位安全应急卡

岗位名称	
可能发生事故的类型	
事故危害	1. 2.
应急措施	怎么做： 做什么： 何时做： 谁去做：

2．岗位安全应急卡使用

企业可将岗位安全应急卡塑封成小卡片，发放到每一位相关员工的手中。重点岗位应做到"人手一卡"，并将该卡片张贴在该部门的墙上。同时要按照"岗位安全应急卡"的内容定期组织员工进行演练，不断检验演练效果。

313　开展危险预知活动

危险预知训练活动（Kiken Yochi Trainning，KYT）是针对生产的特点和作业工艺的全过程，以其危险性为对象，以作业班组为基本组织形式开展的一项活动。它是一种群众性的"自我管理"活动，目的是控制作业过程中的危险，预测和预防可能发生的事故。

1．危险预知活动的内容

（1）作业地点、作业人员、作业时间。

（2）作业现场状况。

（3）事故原因分析。

（4）潜在事故模式。

（5）填写"作业安全措施票"。

（6）危险控制措施落实。

2．危险预知活动的程序

（1）发现问题。

（2）研究重点。

（3）提出措施。

（4）制定对策。

（5）监督落实。

3．组织危险预知分析需注意的问题

（1）做好宣传教育，注重激励作用。

企业要根据危险点辨识的结果，即实施结果，开展考评活动，及时推广危险点分析活动中好的典型。

（2）班组长要事先准备。

活动前，班组长要对所进行课题的主要内容进行初步准备，以便活动时心中有数，进行引导性发言，节约活动时间，提高活动质量。

（3）全员参与。

要充分发挥集体智慧，调动员工的积极性，使员工在活动中受到教育。危险预知活动应在活跃的气氛中进行，不能一言堂，应让所有员工有充分发表意见的机会。

（4）危险点分析形式要直观、多样化。

班组长可结合岗位作业状况画一些作业示意图，便于大家分析讨论，或在作业现场进行直观的、更有效的分析，也可随着作业现场环境、条件的变化，对危险点进行动态的分析。

（5）抓好危险预知分析结果（作业安全措施票）的审查和整理。

作业安全措施票制度实施一段时间后，车间要组织有关人员对认为已形成典型的、标准化的作业安全措施票进行系统审查、修改和完善，使其真正成为规范、标准的典型作业安全措施票，以作为作业现场保证人身安全工作的依据。

314　工前五分钟活动

工前五分钟活动是危险预知活动结果（作业安全措施票）在实际工作中的应用，由作业负责人组织从事该项作业的人员在作业现场利用较短时间进行，要求根据危险预知训练提出的内容对"人员、工具、环境、对象"进行四确认，并将对作业危险点分析出的作业安全措施票中所列安全措施逐项落实到人。对于有重大危险的作业，要针对作业安全和工序安全开展工前五分钟活动。

315 操作者人为失误原因

操作者人为失误原因有很多，列举如下：

1．未注意和疲劳操作；

2．未注意到重要的迹象；

3．操作者安装了不准确的控制器；

4．在不准确的时刻开启控制器；

5．识读仪表错误；

6．错误使用控制器；

7．因振动等干扰而心情不畅；

8．未在仪表出错时及时采取行动；

9．按规定的程序进行操作；

10．因干扰未能正确理解指导。

316 操作者人为失误预防措施

在生产安全事故中，未注意和疲劳是操作者产生操作失误的两个重要原因。

预防未注意的措施主要是在重要位置安装引起注意的设备、提供愉快的工作环境等。预防工作疲劳主要是采取排除或减少不舒服的姿势、集中注意的连续时间、对环境的应激及过重的心理负担等措施。

1．通过仔细观察帮助操作者注意某些问题，以避免漏掉某些重要的信息而导致操作失误。同时，通过使用一些特定的控制设备，避免某些不准确的控制装置所造成的问题。

2．为避免在不正确的时刻开启控制器，应在某些关键序列的交接处提供补救性措施。同时，应保证功能控制器放在适当的位置，以便使用。

3．为预防误读仪表，有必要根除清晰度方面的问题以及视读者移动身体的要求和仪表位置不当等。

4．使用噪声消减设备及振动隔离器可有效克服因噪声和振动影响所造成的操作失误。

5．综合使用各种手段保证各仪器发挥相应功能并提供一定的测验及标准程序，可克服未对出错仪表做出及时反应等人为失误。

6．避免太久、太慢或太快等程序的出现，可以预防操作者未按规定程序进行操作的失误。

7.因干扰问题不能正确理解指导时，可通过隔离操作者和噪声或排除干扰源来加以克服。

317　习惯性违章的表现形式

习惯性违章的表现形式有三种，具体说明如图13-6所示。

习惯性违章操作
这是指那些在操作中沿袭不良的传统习惯做法，没有严格执行安全作业规程，违反安全规程规定的操作程序的行为

习惯性违章作业
这是指违反安全规程，按照不良的传统习惯随意地进行生产作业活动的行为

习惯性违章指挥
这是指负责人在指挥作业过程中违反安全规程的要求，按不良的传统习惯进行指挥的行为

图13-6　习惯性违章的表现形式

318　习惯性违章的特点

习惯性违章具有以下特点，具体说明如图13-7所示。

顽固性
习惯性违章是由一定的心理定式支配的，并且是一种习惯性的动作方式，具有顽固性、多发性的特点，不易纠正

潜在性
习惯性违章行为具有潜在性的特点，不是作业人员故意造成的，而是习惯成自然的结果，容易使人对违章现象丧失警惕性

排他性
习惯性违章的员工总以为自己的习惯性方式更有效，排斥其他的生产方式，而妨碍了安全规程的学习和贯彻执行

传染性
一些作业人员存在的习惯性违章行为不是自己独有的，而是从老员工身上"学来"的，是盲目仿效的结果，具有传染性

图13-7　习惯性违章的特点

319 支配习惯性违章的思想因素

支配习惯性违章的思想因素如图13-8所示。

缺乏安全知识,不知不觉违章	员工对自己所做的工作应该遵守的规章制度不太了解,工作起来凭本能、热情和习惯,因而较容易出现事故
麻痹大意的违章	员工作业时按常规的思路考虑问题,自认为没有危险,对可能发生的事故没有正确的认识,因而在工作中粗心大意、心不在焉。对于这样的员工需要时常对他进行提醒。因为不安全因素始终存在,时刻都有发生事故的可能
心存侥幸心理的违章	有些人明知习惯性违章行为将会产生不良后果,但又觉得以前的违章并没有造成严重的后果,于是在侥幸心理的驱使下不顾后果,违章操作,这样的行为很容易引发事故
自以为是的违章	有些员工认为自己已经验丰富,有能力防止事故的发生。对未造成事故的习惯性违章没有明确的认识,对别人的劝告置若罔闻。这种违章行为一旦发生,必然会造成极其严重的后果
求快图省事的违章	有些员工为了赶进度、求快图省事,人为地改变或缩减作业程序,只求进度,不顾质量和安全,导致习惯性违章,一旦发生事故,后果就不堪设想
贪图安逸的违章	有些员工在工作中不求上进,平时不注意学习,工作缺乏积极性,作业工具及安全工作器具有问题也懒得修理,进行违章操作并形成习惯,这些行为很容易导致事故的发生

图13-8 支配习惯性违章的思想因素

320 常见违章行为的表现

常见违章行为的表现如表13-14所示。

表13-14　常见违章行为表现

序号	违章类别	违章行为表现
1	违反劳动纪律	（1）在工作场所、工作时间聊天、打闹 （2）在工作时间脱岗、串岗等 （3）在工作时间看书、看报或做其他与工作无关的事 （4）喝酒后进入工作岗位 （5）未经批准，开动本工种范围以外的设备
2	不按规定穿戴劳动保护用品、使用用具	（1）留有过肩长发、披发或发辫过长，不戴工作帽或未将头发置于帽内就进入有旋转设备的生产区域 （2）高处作业或在有机械化运输设备的区域工作时不戴安全帽 （3）操作旋转机床设备或检修试车时敞开衣襟操作 （4）在易燃、易爆、明火等作业场所穿化纤服装 （5）在车间、班组等生产场所赤膊 （6）从事电气作业不穿绝缘鞋 （7）从事电焊、气焊（割）、碰焊、金属切削等作业时不戴防护眼镜 （8）从事高处作业的位置在非固定支撑面上或在牢固支撑面边缘处、在支撑面外和在坡度大于45°的斜支撑面上而未使用安全带
3	违反安全生产管理制度	（1）操作前不检查设备、工具和工作场地就进行作业 （2）在设备有故障或安全防护装置未完备的情况下仍坚持使用 （3）发现隐患不排除、不报告，冒险操作 （4）新进厂员工、变换工种和复工人员未经安全教育就上岗 （5）特种作业人员无证操作 （6）危险作业未经审批或虽经审批但未严格执行安全措施 （7）在禁火区吸烟或明火作业 （8）在封闭厂房内安排单人工作或本人自行操作的
4	违反安全操作规程	（1）跨越运转设备或设备运转时传送物件或触及运转部位 （2）开动被查封、报废的设备 （3）攀登吊运中的物件，以及在吊物、吊臂下通过或停留 （4）任意拆除设备上的安全照明、信号、防火、防爆装置和警示标志，以及显示仪表和其他安全防护装置 （5）在密闭容器内作业时不使用通风设备 （6）高处作业时往地面扔物件 （7）违反起重"十不吊"、机动车辆驾驶"七大禁令" （8）戴手套操作旋转机床 （9）冲压作业时手伸进冲压模危险区域 （10）开动情况不明的电源或动力源开关、闸、阀 （11）冲压作业时不使用规定的专用工具 （12）不使用冲压机床配备的安全保护装置

序号	违章类别	违章行为表现
4	违反安全操作规程	（13）冲压作业时"脚不离踏" （14）站在砂轮正前方进行磨削 （15）调整、检查、清理设备或装卸模具测量等工作时不停机、不断电

321　拒绝违章行为的措施

要避免习惯性违章，企业应注意实施以下防范措施。

1．要杜绝习惯性违章就必须坚持"安全工作、以人为本"的思想，在企业中形成安全生产、严惩违章的良好生产氛围，对企业员工要充分进行安全教育，使他们认识到安全生产的重要性，以及发生安全事故会带来的巨大危害。

2．大力开展对从业员工的安全教育，加强《中华人民共和国安全生产法》《电业安全工作规程》及现场规程的学习培训，结合岗位实际，经常性地开展反事故演习、进行安全测试，了解相关规章制度，把执行规章制度变成企业全体员工的自觉行为，开展标准化作业、规范化操作，养成遵章作业的习惯。

3．落实安全工作规章制度，使员工懂得安全管理规章制度是通过血的教训换来的宝贵经验，按规章制度作业和操作就是珍惜生命。对安全教育不认真对待的员工，要对其从严惩处。严惩也是教育，但不能代替教育，要通过严惩达到教育一人、启发多人的目的。

4．开展企业无违章活动，班组是基础，班长是关键。班组是执行制度的主体，所有的安全生产工作都要靠班组去落实。班长的作用举足轻重，班组安全工作的好坏，关键在班长，如果能做到班组无违章，企业就会无违章。

5．发挥三级安全网的作用，坚持警钟长鸣，加强检修作业、运行操作及生产现场的控制和安全检查，制定切实可行的违章处罚办法。员工应严格遵章作业，各级领导若发现违章行为要及时制止，并给予相关人员相应处罚，把事故隐患提前消灭在萌芽状态。只有企业各级领导重视，员工尽职，人人事事保安全，违章才能得到有效遏制，企业无违章的目标才能实现。

当然，拒绝违章行为的关键在于遵章守纪，而遵章守纪的关键在于全体员工对遵章守纪有正确认识。

322　做好违章处罚与安全奖励记录

违章处罚与安全奖励记录（见表13-15）主要应记录发生在生产现场的各项违章处罚情

况、事故与未遂事故情况，以及接受的各项安全奖励情况。该记录有助于生产经理了解生产现场的违章和事故情况，从而有针对性地采取应对措施。另外，将安全奖励的内容记录下来的目的是用以激励员工。

表13-15　违章处罚和安全奖励记录

编号：　　　　　　　　　　车间名称：　　　　　　　　　　　　日期：___年__月__日

序号	违章处罚情况	事故与未遂事故情况	安全奖励情况	备注

制表人：　　　　　　　　　　　　审核人：

注：事故与未遂事故包括工伤、火灾、中毒、交通意外等。

323　做好现场安全管理记录

现场安全管理记录是生产经理进行日常现场管理的一个重要组成部分。生产经理从记录中可以全面了解现场安全管理状态。在年终考核等活动中，现场安全管理记录也是一项重要的评价依据；在发生事故或重大失误时，现场安全管理记录也是重要的原因分析和责任认定材料。

原始记录填写应齐全、准确，确保及时、适用、简便、系统、全面。做现场安全管理记录时，生产经理应注意以下几点事项。

1．保持记录的清晰性，空白栏目要用横杠划掉，签名要完整，年、月、日要分明，内容要言简意赅，语言要通俗易懂，格式要规范化。

2．确保签名的有效性，把那些形式上的签名决策人员去掉，改用异常工作报告的形式进行。

3．重点关注每项工程的实施记录，这些内容可以记录在生产日报上，也可以用单独的表格列出来。

4．记录在保存期间为防止各种环境异常现象所造成的影响，如虫害、鼠咬、风雨侵袭、霉变、火灾、丢失等。

5．记录报废时要采用合适的方法进行，既要防止浪费和环境污染，又要防止整套记录资料废弃后被他人利用而泄露企业机密。

324　做好现场安全活动记录

现场安全活动记录的内容包括安全活动时间、参与人员、主题、活动效果等，具体如表13-16所示。

表13-16　现场安全活动记录

编号：　　　　　　　　　　　　　　　　　　　　　　　日期：＿＿＿年＿月＿日

活动时间	
参与人员	
主题	
活动安排	
活动效果	
下次活动时间	

制表人：　　　　　　　　　　　　　审核人：

注：每月举行两次安全活动，活动内容可以是传达上级文件、布置相关任务，针对某些隐患进行讨论整改，事故受伤者现身说法等。

325　事故的认定

企业可从以下两个方面来确认事故的类型。

1．事故性质

按与生产的关系程度分，员工伤亡事故的性质可分为因工伤亡和非因工伤亡两类。其中，属于因工伤亡的事故包括以下几种：

（1）员工在工作和生产过程中所发生的伤亡；

（2）员工为了工作和生产而发生的伤亡；

（3）由于设备和劳动条件的问题引起的伤亡；

（4）在厂区内因运输工具问题造成的伤亡。

2．工伤事故伤害程度

根据工伤事故伤害程度的不同，工伤事故可分为轻伤事故、重伤事故和死亡事故，具体说明如图13-9所示。

轻伤事故	指员工受伤后歇工一个工作日（含一个工作日）以下的事故
重伤事故	有下列情形之一的均可认定为重伤事故： （1）经医师诊断为残废或可能成为残废的 （2）伤势严重，需要进行较大的手术才能挽救的。人体要害部位严重灼伤、烫伤，或虽非要害部位，但灼伤、烫伤等面积占全身1/3以上的 （3）严重骨折、严重脑震荡等 （4）眼部受伤较重，有失明可能的 （5）手部伤害：大拇指轧断一节的；食指、中指、无名指、小指中任何一指轧断两节或任何两指各轧断一节的；局部肌腱受伤严重，引起机能障碍，有不能伸屈的残废可能的 （6）脚部伤害：轧断三只脚趾以上的；局部肌腱受伤严重，引起机能障碍，有不能行走自如的残废可能的 （7）内脏损伤、内出血或伤及腹膜等
死亡事故	（1）重大伤亡事故即一次事故中死亡1～2人的事故 （2）特大伤亡事故即一次事故中死亡3人及以上的事故

图13-9　工伤事故分类

326　工伤事故的处理程序

发生工伤时，负伤员工或最先发现者应立即报告直接上级并进行相应处理。工伤事故的处理程序如图13-10所示。

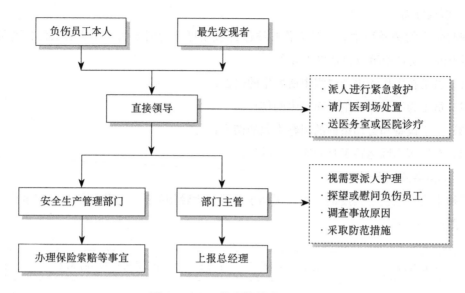

图13-10　工伤事故的处理程序

327　工伤事故紧急处理措施

事故发生后要按以下顺序处理，具体说明如图13-11所示。

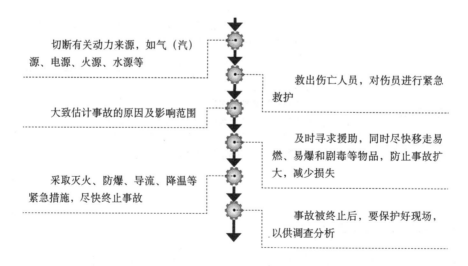

图13-11　事故紧急处理的顺序

328　事故的调查

事故的调查主要是为了弄清事故情况，从思想、管理和技术等方面查明事故原因，从中吸取教训，防止类似事故再次发生。

1．收集物证

（1）现场物证包括破损部件、破片和残留物。

（2）为在现场收集到的所有物件贴上标签，并注明地点、时间和现场负责人。

（3）所有物件应保持原样，不准冲洗、擦拭。

（4）对具有危害性的物品，应采取不损坏原始证据的安全防护措施。

2．记录相关材料

（1）发生事故的部门、地点、时间。

（2）受害人和肇事者的姓名、性别、年龄、文化程度、技术等级、工龄和工资待遇。

（3）事故当天，受害人和肇事者什么时间开始工作，工作内容、工作量、作业程序和操作动作（或位置）。

（4）受害人和肇事者过去的事故记录。

3．收集事故背景材料

（1）事故发生前设备、设施等的性能和维修保养状况。

（2）使用何种材料，必要时可以进行物理性能或化学性能实验与分析。

（3）有关设计和工艺方面的技术文件、工作指令和规章制度及执行情况。

（4）工作环境状况，包括照明、温度、湿度、通风、噪声、色彩度、道路状况以及工作环境中有毒、有害物质取样分析记录。

（5）个人防护措施状况，其有效性、质量如何，使用是否规范。

（6）出事前受害人或肇事者的健康状况。

（7）其他可能与事故原因有关的细节或因素。

4．收集目击者材料

要尽快从目击者那里收集材料，并对目击者的口述材料进行真实性考证。

5．拍摄事故现场

（1）拍摄残骸及受害者的照片。

（2）拍摄容易被清除或被践踏的痕迹，如刹车痕迹、地面和建筑物的伤痕、火灾引起的损害等。

（3）拍摄事故现场全貌。

6．填写安全事故报告书

对事故调查后，要及时编写安全事故报告书（见表13-17），并将相关信息进行汇报。

表13-17　安全事故报告书

事故内容			
发生单位		发生地点	
见证人		事故者	
发生日期	___年__月__日	发生时间	
发生原因			
事故状况			
处置方式	责任者：		
责任分析	责任者：		
根本对策	责任者：		
追踪检查	责任者：		

认可人：　　　　　　　　审核人：　　　　　　　　制表人：

329　分析生产事故

对于已经发生的安全事故，企业在调查的基础上要认真分析，以便于分清事故责任和提出有效改进措施。

1．具体分析内容

（1）受伤部位。

（2）受伤性质。

（3）起因物。

（4）致害物。

（5）伤害程度。

（6）设备不安全状态。

（7）操作人员的不安全行为。

2．分析事故原因

企业在分析事故原因时，应从直接原因（指直接导致事故发生的原因）入手，并结合间接原因，找出事故的主要原因，进而掌握事故的全部原因，同时在分清主次的基础上，进行事故责任分析。

（1）直接原因

直接原因主要包括机械、物质或环境的不安全状态和人的不安全行为。

（2）间接原因

间接原因即直接原因得以产生和存在的原因，一般属于管理上的原因，主要包括以下几点：

①技术和设计上有缺陷，如工业构件、建筑物、机械设备、仪器仪表、工艺过程、操作方法、维修检验等的设计、施工和材料使用上存在的问题；

②对操作人员的教育培训不够，安排未经培训、缺乏或不懂安全操作技术知识的人员进行作业；

③劳动组织不合理；

④对现场工作缺乏检查或指导错误；

⑤没有安全操作规程或安全操作规程不全面；

⑥没有或不认真实施防范措施，对安全隐患的认识不足；

⑦其他管理上的原因。

3．事故责任分析

分析事故责任时，生产经理必须以严肃认真的态度对待，首先要根据事故调查所确认的事实，通过对直接原因和间接原因的分析，确定事故的直接责任者和领导责任者，然后在直接责任者和领导责任者中，根据其在事故发生过程中的作用确定事故的主要责任者，最后根据事故后果和责任者应负的责任提出处理意见和防范措施建议。

4．计算伤害率

有时生产经理需向上级主管部门上报事故伤害率，同时自己也要对事故发生的频率、严重程度进行统计。

（1）伤害频率

伤害频率表示某时期内每百万工时事故造成伤亡的人数。伤亡人数指轻伤、重伤、死亡人数之和。其计算公式为：

$$伤害频率 = \frac{伤亡人数}{百万工时} \times 100\%$$

（2）伤害严重程度

伤害严重程度表示某时期内每百万工时事故造成的损失工作日数。其计算公式为：

$$伤害严重程度 = \frac{损失工作日数}{百万工时} \times 100\%$$

（3）千人死亡率

千人死亡率表示某时期内每千名员工中，因工伤事故造成的死亡人数。其计算公式为：

$$千人死亡率 = \frac{死亡人数}{1000} \times 100\%$$

（4）千人重伤率

千人重伤率表示某时期内每千名员工因工伤事故造成的重伤人数。其计算公式为：

$$千人重伤率 = \frac{重伤人数}{1000} \times 100\%$$

第五节　生产事故应急方案

330　了解事故应急方案

根据国际劳工组织（ILO）颁布的《重大工业事故预防规程》，应急方案的含义如下。

1．基于在某一处发现的潜在事故及其可能造成的影响所形成的一个正式书面方案，该方案描述了在现场和场外如何处理事故及其影响的方法。

2．重大危险设施的应急方案应包括对紧急情况的处理对策。

3．应急方案包括现场应急措施和场外应急措施两个重要组成部分。

4．生产管理人员应确保应急方案符合国家法律规定的要求，而不应把应急方案作为在设施内维持良好标准的替代措施。

331 应急方案的制定依据

危险评估是制定应急方案的主要依据。

1．对于现场和场外的应急方案的第一步来说，企业资方应系统地确定和评估企业的生产设施可能导致怎样的事故。

2．现场和场外应急方案应先考虑那些容易产生的事故，但其他虽不易产生却会造成严重后果的事故也应考虑进去。

3．生产经理所做的潜在事故分析应指明以下内容：

（1）被考虑的最严重事件；

（2）导致那些最严重事件的过程；

（3）非严重事件可能导致严重事件的时间间隔；

（4）如果非严重事件被中止，它的规模如何；

（5）事件相关的可能性；

（6）每一个事件的后果。

若有必要，应从供货商处索取危险物质的危害说明。

332 应急方案的评估与修订

在制定应急方案后，生产经理应视情况进行评估和修订，以确保方案在事故发生时能够得到有效执行。

1．生产经理应让熟悉设备的作业人员包括相应的安全小组参与到制订计划和演练的过程中。

2．生产经理应让熟悉设备的作业人员参加应急计划的演习和操作。与设备无关的人，如高级应急官员、政府监察员也应作为观察员监督整个演练过程。

3．每一次演练后，生产经理应核查该计划是否被全面实施并找出不足。

4．在必要时，生产经理应修改应急方案并让所有相关人知晓，以适应现场设备和危险物的变化。

333　制定应急方案的注意事项

生产管理人员在制定应急方案时应注意以下事项。

1．为每一台危险设备制定一个现场应急措施。

2．应急方案由企业制定并实施。

3．应确保应急所需的各种资源（人、财、物）及时到位。

4．应与紧急服务机构共同评估是否有足够的资源来执行应急方案。

5．应急方案要定期演习。

6．确保现场人员和应急服务机构都知晓。

7．根据内外情况的变化，及时对应急方案进行评估和修改。

334　应急方案培训

应急方案确立后，生产管理人员可以据此组织部门人员进行有针对性的培训，从而使这些人员具备完成应急任务所需的知识和技能。

应急培训的主要内容如下。

1．灭火器的使用及灭火步骤的训练。

2．作业区内安全警示设置、个人的防护措施、施工用电常识、在建工程的交通安全、大型机械的安全使用。

3．对危险源的突显特性的辨识。

4．事故报警。

5．紧急情况下人员的安全疏散。

6．现场抢救的基本知识。

335　应急方案演练

应急方案制定后，经过有效的培训，生产管理人员可以组织部门员工定期进行演练。每次演练结束，应及时进行总结。

336　应急方案实施要点

应急方案的实施要点如下。

1．生产现场发生重大事故后，抢救受伤人员是首要任务。现场指挥人员要冷静、沉着地对事故和周围环境做出判断，并有效地指挥所有人员在第一时间内积极抢救伤员，安定人心，消除员工的恐惧心理。

2．事故发生时，要快速地采取一切措施防止事故蔓延和二次事故的发生。

3．按照不同的事故类型，采取不同的抢救方法，针对事故的性质，迅速做出判断，切断危险源头再进行积极抢救。

4．事故发生后，要尽最大努力保护好事故现场，使事故现场处于原始状态，为以后查找原因提供依据。这是现场应急处置的所有人员必须明白并严格遵守的重要原则。

5．发生事故的单位要严格按照事故的性质及严重程度，遵循事故报告原则，快速向有关部门报告。

337　提高信息传递效率

为了提高信息传递效率，生产经理可采取如下措施。

1．生产经理应将所有突发的事故或紧急状态迅速通知到有关人员和非现场人员，并做出合理安排。

2．生产经理应将报警步骤告知所有人员，以确保能尽快采取应急措施，控制事态的发展。

3．生产经理应根据设施规模考虑紧急报警系统的需求。

4．生产经理应在多处安装报警系统，并确保报警系统的有效性。

5．在噪声较大的地方，生产经理应考虑安装显示性报警装置，以有效提醒员工。

6．当工作场所警报响起时，为能尽快通知应急服务机构，生产经理须确保有一个可靠的通信系统。

338 生产现场临时措施

当事故发生时，在生产现场可采取的临时措施如下。

1．现场应急方案的首要任务是控制和遏制事故，防止事故范围扩大，以减少伤害。

2．生产经理应确保应急方案有足够的灵活性，以保证在现场能够采取适当的措施和决定。

3．生产经理应考虑怎样进行以下方面的工作。

（1）非相关人员可沿着具有清晰标志的撤离路线到达预先指定的集合点。

（2）指定专人记录所有到达集合点的人员，并将此信息告之应急控制中心。

（3）指定控制中心专人核对与事故有关的、到达集合点的人员名单，然后再核对那些被认为是在现场的人员名单。

（4）由于节日、生病和当时现场人员的变化，需根据不在现场人员的情况，更新应急控制中心所掌握的名单。

（5）对作业人员的姓名、地址等信息进行记录，并将这些信息保存在应急控制中心。另外，要注意定期更新。

（6）在紧急状态的关键时期，授权披露有关信息，并指定一名高级管理者作为该信息的唯一发布人。

（7）在紧急状态结束后，恢复步骤中应包括对再次进入事故现场的指导。

第六节　职业病预防与管理

339 了解职业病的内容

根据《中华人民共和国职业病防治法》对职业病的规定，职业病是指企业、事业单位和个体经济组织等用人单位的劳动者在职业活动中，因接触粉尘、放射性物质和其他有毒、有害因素而引起的疾病。它包括以下十类内容：

1．尘肺，如煤工尘肺，铝尘肺等；

2．职业性放射病，如外照射急性放射病、外照射亚急性放射病、外照射慢性放射病、内照射放射病等；

3．职业中毒，如铅及其化合物中毒、汞及其化合物中毒，不包括四乙基铅等；

4．物理因素职业病，如中暑、减压病等；

5．生物因素所致职业病，如炭疽、森林脑炎等；

6．职业性皮肤病，如接触性皮炎、光敏性皮炎等；

7．职业性眼病，如化学性眼部烧伤、电光性咽炎等；

8．职业性耳鼻喉疾病，如噪声聋、铬鼻病等；

9．职业性肿瘤，如石棉所致肺癌、间皮瘤、联苯胺所致膀胱癌等；

10．其他职业病，如职业性哮喘、金属烟热等。

340 职业病的认定

按照《中华人民共和国职业病防治法》的要求，职业病的认定工作应当由省级卫生行政部门批准的医疗卫生机构承担，认定主要包括以下四个要素。

1．在职业活动中产生。

2．由接触职业病危害因素所引起。

3．列入国家职业病目录范围。

4．劳动者须与用人单位形成劳动关系。

341 了解职业性有害因素

职业性有害因素是指对劳动者的健康和劳动力可能产生危害的职业性因素，是比较容易造成职业病的因素。生产管理人员要想做好企业员工的职业病管理工作，就必须了解导致职业病的各种有害因素。

职业性有害因素的类别如图13-12所示。

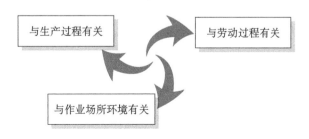

图13-12 职业性有害因素的类别

342 与生产过程有关的职业性有害因素

与生产过程有关的职业性有害因素如下。

1. 化学因素

化学因素是引起职业病最为常见的职业性有害因素。它主要包括生产性毒物和生产性粉尘。

（1）生产性毒物是指在生产过程中形成或应用的各种对人体有害的物质，具体细分如表13-18所示。

表13-18　生产性毒物表

分类	举例说明
窒息性毒物	一氧化碳、硫化氢、氰化物、甲烷、二氧化碳等
刺激性毒物	光气、氨气、氯气、二氧化硫、氯化氢、苯及其化合物、高分子化合物、甲醇、乙醇、硫酸蒸汽、硝酸蒸汽等
血液性毒物	苯、苯的硝基化合物、氮氧化物、亚硝酸盐、砷化氢等
神经性毒物	铅、汞、锰、四乙基铅、二硫化碳、四氯化碳、汽油、有机磷农药、有机氯农药等

（2）生产性粉尘是指能够较长时间悬浮于空气中的固体微粒。它包括无机性粉尘、有机性粉尘和混合性粉尘三类，具体如表13-19所示。

表13-19　生产性粉尘表

分类		举例说明
无机性粉尘	非金属的矿物性粉尘	石英、石棉、煤等
	金属性粉尘	铁、锡、铅、铜、锰等金属及其化合物粉尘等
	人工无机性粉尘	玻璃纤维、金刚砂、水泥等
有机性粉尘	植物性粉尘	棉、麻、烟草、木材尘
	动物性粉尘	毛发、骨质尘
	人工有机粉尘	有机染料、塑料、人造纤维尘等

（续表）

分类	举例说明
混合性粉尘	指上述各种粉尘中由两种或两种以上粉尘相混合而形成，如金属研磨、合金加工、煤矿开采时产生的粉尘

2．物理因素

物理因素主要包括以下几种。

（1）不良的气候条件，如高温、高湿、热辐射、严寒等。

（2）异常气压，如高气压、低气压等。

（3）生产性噪声、震动。

（4）非电离辐射，如紫外线、红外线、微波、无线电波、激光、高频电磁场等。

（5）电离辐射，如 X 射线、α 射线、β 射线、γ 射线、宇宙线等。

3．生物因素

生物因素主要指病原微生物和致病寄生虫，如炭疽杆菌、布氏杆菌、森林脑炎病毒等。

343　与劳动过程有关的职业性危害因素

与劳动过程有关的职业性危害因素主要包括如下内容。

1．劳动强度过大或劳动安排与劳动者生理状态不适应。

2．劳动组织不合理、劳动时间过长或休息制度不合理。

3．长时间处于某种不良体位或重复某一单调动作。

4．身体长时间处于过度紧张状态。

344　与工作环境有关的职业性危害因素

与工作环境有关的职业性危害因素主要包括以下内容。

1．工作环境设计不符合有关卫生标准和要求，如厂房狭小、厂房建筑及车间布置不合理等。

2．缺乏必要的卫生技术设施，如缺少通风换气设施、采暖设施、防尘防毒设施、防噪防震设施、防暑降温设施、防射线设施，照明亮度不足等。

3. 安全防护设施不完善，使用个人防护用具方法不当或防护用具本身存在缺陷等。

345　预防职业性有害因素的措施

工作环境内职业性有害因素包含的内容多，涉及的范围广，对其的预防除了员工自身从思想上加以重视，认真执行国家有关法规、标准之外，生产管理人员还需采取各种有针对性的措施来预防职业性有害因素（见表13-20）。

表13-20　职业性有害因素的预防工作

序号	内容	具体说明
1	革新生产工艺、生产材料	以无职业性危险物质产生的新工艺、新材料代替有职业性危害物质产生的工艺和原材料是最根本的预防措施，也是职业卫生技术在实践中加以应用的发展方向
2	尽可能提高生产过程自动化程度	以机械化生产代替手工或半机械化生产，可以有效地控制有害物质对人体的危害；采用隔离操作（将有害物质和操作者分离）、仪表控制（自动化控制），可以有效解决受生产条件限制、有害物质强度无法降低到国家卫生标准以下的工作环境等问题
3	加强通风	加强通风是控制工作环境内污染源传播、扩散的有效手段。经常采用的通风方式有局部排风、全面通风换气
4	使用必要的防护用品	在有害物质浓度很高的工作环境中工作时，使用合格的个人防护用品可以减少有害物质从皮肤、消化道及呼吸道侵入人体
5	合理照明	合理照明是创造良好工作环境的重要措施。如果照明安排不合理或亮度不够，会带来操作者视力减退、产品质量下降、工伤事故增多的严重后果
6	合理规划厂区及车间	在新建、改建、扩建企业时，厂区的选择、规划，厂房建筑的配置以及生活设施、卫生设备的设计要周密、合理；车间内部工件、机器的布置要合乎人机工程学的要求，应尽量减小劳动强度，保证作业人员在最佳体位下操作
7	合理安排劳动时间，严格控制加班加点	企业应根据劳逸结合的原则，对员工的生产、工作、学习和休息情况进行合理安排，确保员工有充沛的精力投入工作
8	加强卫生保健	对员工定期进行健康检查，并做好厂区内的环境卫生工作

(续表)

序号	内容	具体说明
9	湿式作业	在有粉尘产生的操作中采用加水的方法，可以大大减少粉尘的飞扬和粉尘在空气中的悬浮时间
10	隔绝热源	采用隔热材料或水隔热等方法将热源密封，可以防止高湿、热辐射对人体带来的伤害
11	屏蔽辐射源	使用吸收电磁辐射的材料屏蔽隔绝辐射源，减少辐射源的直接辐射是放射性防护中的基本方法
12	隔声、吸声	对于噪声污染严重的工作环境，采取措施将噪声源与操作者隔离；用吸声材料将产噪设备密闭，减少产噪设备的震动，大大减弱噪声污染

346 做好卫生管理工作

卫生管理工作包括以下内容。

1．行政部要定期向接触职业性有害物质的人员发放经检验合格的个人防护用品，大力宣传个人防护用品的作用和正确的检查、使用方法。

2．生产管理人员要大力普及卫生知识。要使企业的所有员工了解职业性有害物质的产生、发散特点和对人体的危害及紧急情况的急救措施。要使员工工养成良好的卫生习惯，如下班后洗澡更衣、饭前洗手、不在工作场所饮食、工作服定点存放和定期清洗等，防止有害物质通过口腔、皮肤等进入人体。生产经理还可以将这项工作列入日常培训工作中，联合人力资源部，重点加以培训。

3．对生产劳动环境中的粉尘、毒物等有害因素，应根据国家的规定设定监测点，定期进行测定。当测试人员现场测定时，相关人员应做好配合，使测定结果能够客观地反映工作环境的实际情况，避免出现误差或假象。

生产管理人员应把尘毒和有害因素的测定结果定期在岗位上挂牌公布。当测定结果超过国家卫生标准时，应及时查找原因并做出相应处理。

347 做好工作环境管理

生产经理必须在掌握不同的作业及工作环境中使用的物质、机器可能给人体健康带来危害的知识的基础上，充分考虑有效的工作环境对策，主要包括以下内容。

1．换气设备：设置换气、排气设备，并经常进行保养、检查或改进，此外工作场所要设置必要的排出物收集、集尘装置。

2．环境测定：从最重要的环境因素开始，对作业的特性以及有害物质的发生源、发生量随时间、空间的改变而变化的情况进行测定。注意不能忽视其他不重要的环境因素。

3．采用封闭系统，探讨自动化或代替物品的使用。

4．建立休息室、配置卫生设施等。

第十四章 生产效率提升

导读 >>>

对企业来说，致力于提高生产效率，可以降低成本，经受得住价格竞争的压力，从而获得更多的市场占有率。作为生产经理，必须狠下功夫，通过提高生产效率来达到降低企业生产成本的效果。

Q先生：经过差不多一年的生产管理工作，我对企业的生产管理状况有了一定的了解。本工厂各方面都做得很好，但我认为生产效率还有提升的空间。

A经理：你有这样的想法，很好。现在，材料成本、人工成本都越来越高，我们确实要下功夫研究，以便有效地提高生产效率，从而降低生产成本。

Q先生：但我只是有想法，却不知道如何着手，您能给我些建议吗？

A经理：要想提高生产效率，首先必须从生产现场着手，即对现场进行诊断和分析，发现有哪些可以改善的地方；其次，要对作业流程进行研究和分析，以有效避免浪费现象，尽量地排除无效时间、多余时间，不断改进作业时间；最后，将研究、分析、改善的结果实施标准化管理。

第一节　现场诊断与分析

348　现场诊断与分析的内容

企业可以从以下五个方面进行现场诊断与分析。

1．流程分析

分析哪些工艺流程不合理，哪些地方出现了倒流，哪些工序可以简化和取消。

2．生产改进

分析生产、工作环境是否能够满足生产、工作需要和人的生理需要，提出改进意见；有些企业的环境只能满足生产的需要，却不能满足人的生理需要也是不行的。噪声、灰尘、有害气体、易燃易爆品、安全隐患等，所有这些不利于人的生理、心理和情绪的因素都应该加以改善。

3．布局合理

分析车间的平面布置和设备、设施的配置是否合理。

4．合理方法确定

研究工作者的动作和工作效率，分析人与物的结合状态，确定合理的操作或工作方法。

5．补充办法落实

分析现场还缺少什么物品和媒介物，落实补充办法；现场除了设备和产品，还需要有工位器具，如果取消这些物品，现场会混乱不堪。

通过以上对现场状况的分析，可以针对现场状况改进生产过程的组织管理和工作方法，使生产过程合理化、科学化，从而提高生产效率。

349　现场诊断的重点

现场诊断的重点是搬运、停放、质量、场所和操作者的动作分析，这五个方面构成了现场分析的主要内容。

1．搬运

搬运非常重要，搬运占整个产品加工时间的40%～60%，现场85%以上的事故都是在搬运过程中发生的，所以企业要重视对搬运的管理工作。

2．停放

货物停放的时间越长，无效劳动就越长，这纯粹是浪费时间。

3．质量、场所与操作者的动作（略）

350　现场分析的重要方法——"六何法"

"六何法"即5W1H法，是指对每一道工序或每一项操作从对象、目的、地点、时间和工序、人员、手段六个方面提出问题并进行考查的一种方法。

1．对象

对于这一因素，企业可考虑如下问题：公司生产什么产品？车间生产什么零配件？为什么要生产这个产品？能不能生产别的产品？我到底应该生产什么产品？如果现在这个产品不能为企业带来经济效益，换个能产生高利润的产品行不行？

2．目的

对于这一因素，企业可考虑如下问题：企业是为了达成什么目标？为什么要确定这个目标？能不能换一个目标？到底应该确定一个什么样的目标？如果进行调整，整个战略部署都有可能发生改变。

3．地点

对于这一因素，企业可考虑如下问题：明确生产的地点。为什么选择在这地方进行生产？换个地方行不行？到底应该在什么地方开展生产工作？

4．时间和工序

对于这一因素，企业可考虑如下问题：现在这个工序什么时间完成或者零部件是在什么时候生产的？为什么要在这个时候生产？能不能在其他时间生产？把后工序提到前面行不行？到底应该在什么时间完成？

5．人员

对于这一因素，企业可考虑如下问题：现在这项工作应该由谁做？为什么让他做？如果他既不负责任，脾气又很大，是不是可以换个人？有时候换一个人，整个生产就有起色了。

6．手段

手段也就是工艺方法。对于这一因素，企业可考虑如下问题：现在我们是怎样开展工作的？为什么用这种方法来开展工作？有没有别的方法可以用？到底应该怎么做？有时候方法一改，全局就会改变。

【实用案例】

曲轴工艺的改善

内燃机的曲轴是很大的，真正的曲轴有几十个拐弯。最初曲轴是铸造的，一个庞大的曲轴好几十吨，铸造的时候产生的废品率非常高。因为传统的制造方法是在模具上留一个口，从上边往里倒钢水。这样铸造曲轴，会产生很多气孔、沙眼。曲轴的关键部位是不允许有气孔的，一有气孔就会全部报废，因此成品率只有30%。

后来人们想到，可以反过来做，即将钢水从下往上注入，这样气泡就有充分的时间排出去，成品一下子提高到70%以上，于是就解决了废品率高的难题。

后来人们进一步发现用锻钢的办法制造曲轴，质量又得到了进一步的提高。

可见，工艺改进永远没有止境，不要以为你目前的工艺是最好的，也许换一种方法将会更好。

351 现场分析的四种技巧

现场分析的四种技巧如下。

1．取消

分析某道工序，如果其不会影响整体生产，就可以取消这道工序。

2．合并

把几道工序合并，尤其在流水线生产上，能立竿见影地改善并提高效率。

3．改变

如上所述，改变一下顺序，改变一下工艺就有可能提高生产效率。

4．简化

企业可以将复杂的工艺设置得简单一点，这样也能提高效率。

无论对何种工作、工序、动作、布局、时间、地点等，都可以运用取消、合并、改变和简化四种技巧进行分析。四种技巧适用因素分析如图14-1所示。

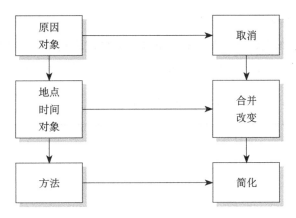

图14-1　四种技巧适用因素分析

352　生产过程中的时间分类与生产管理的基本任务

生产过程中的时间包括作业时间、多余时间和无效时间，具体内容如表14-1所示。

表14-1　生产过程中的时间分类

生产过程中的时间分类	作业时间	包括各种工艺工序、检验工序、运输工序和必要的停放等待时间
	多余时间	由于产品设计、技术规程、质量标准等不当所增加的多余作业时间
		由于采用低效率的制造工艺、操作方法所增加的多余作业时间
	无效时间	由于管理不善所造成的无效时间，如停工待料、设备事故、人员窝工等
		由于操作人员的责任造成的无效时间，如缺勤、生产出废品等

根据表14-1，我们可以得知企业进行生产管理的基本任务如下。

1．要减少无效工作时间。

2．对于多余时间，如可以通过改进工艺、加强管理进行充实。

3．对作业时间进行改进。

353　人机联合分析

通过对人和机器的联合分析，可以得出：人和机器是一对矛盾体，那么人和机器能不能同时工作呢？答案是肯定的。

如表14-2所示，该表记录了某台机器和操作者的联合动作，在现行的方法中，人和机器都没有得到充分利用，人停了四分钟，机器也停了四分钟，人和机器的利用率只有60%。

表14-2　人/机联合分析表（一）

时间（分）	人	机
1	准备零件	空闲时间
2		
3	装上零件	被装上零件
4	空闲时间	加工
5		
6		
7		
8	卸下零件	被卸下零件
9	休整和存放零件	空闲时间
10		
利用率	60%	60%

如表14-3所示，经过第一次改进，人停了两分钟，机器也停了两分钟，人和机器的利用率是75%。

表14-3　人/机联合分析表（二）

时间（分）	人	机
1	装上零件	被装上零件
2	准备下一个零件	加工
3		
4	空闲时间	
5		
6	卸下零件	被卸下零件

（续表）

时间（分）	人	机
7	休整和存放零件	空闲时间
8		
利用率	75%	75%

如表14-4所示，经过第二次改进，人和机的利用率达到100%。

表14-4　人/机联合分析表（三）

时间（分）	人	机
1	装上零件	被装上零件
2	休整和存放零件	加工
3		
4	准备下一个零件	
5		
6	卸下零件	被卸下零件
利用率	100%	100%

354　合理布置工地的基本要求

要想合理布置工地，必须达到以下几点基本要求。

1．要确保90%以上的人能进行正常工作

尽管我们不能排除工地上的噪声、粉尘、灰尘或者其他因素的干扰，但至少要保证90%的人能进行正常工作。

2．主要生产设备布置符合生产工艺要求

主要生产设备的布置要符合生产工艺的要求，便于员工操作；尽量缩小员工的活动范围；减少对空间的占用。

3．操作高度等要符合人体工程学原理

物品放置的高度及工作台、椅子的高度都要适合操作人员躯体的特点，使员工在操作时或取放物品时，尽量不踮脚、不弯腰。

在工作现场中要以人为本，充分考虑现场、设备、工装、工位、器具等因素，以方便员工操作为目的，这样员工才不会过度劳累。

4．不必要的物品应该及时清除

工地上多余的、不必要的物品应该及时清除，以免造成工地的过分拥挤，影响员工的正常生产活动。

5．必须满足生产工艺对工作环境的特殊要求

如有些生产工艺要求工作场所必须干净、恒温和防震；要严密隔离；要有适宜的温度和湿度等；对房间层高和颜色有特别要求，等等。

（1）空间。人对房间层高的要求是有科学根据的，层高取决于有多少人在里面活动。

（2）洁净度。有些工作场所对清洁度的要求非常高，如一些光学仪器、一些精美的电子产品和一些特殊的化学物质，对环境的要求特别高。

（3）噪声。按国家规定，工厂的噪声不能超过75分贝，晚上睡觉的时候住宅周围的环境噪声不能超过35分贝，超过了就会给人们的身体和生活造成伤害。

（4）颜色。颜色对于提高生产效率也有很大的作用。颜色分为冷色调和暖色调，人们看到暖色调就会产生温暖的感觉；冷色调则正好相反，人们看到冷色调就可能会产生寒冷的感觉。例如，国际卫生组织规定，治疗心脏病的药物绝对不能用红颜色做，因为红色是暖色调，容易引起人心跳加快、血压升高，容易加重对病人的危害。

【实用案例】

颜色的误区

绿色能使人眼睛放松，产生舒适感。

某茶馆装修，将主色调定为绿色，虽然该茶馆门庭若市，但效益并不好。有位心理学家告诉茶馆老板，绿色会使人整个身心有非常舒适的感觉，但如果人一进茶馆喝上茶就不走了，上座率就没了，茶馆的效益当然不会好。

麦当劳、肯德基店面的主色调都是暖色的，所以上座率非常高，效益自然就好了。

利用颜色为生产服务，一般来说地面应该是墨绿色的；分界线应该是黄色的，一般的宽度设为10厘米；主航道用灰色为宜；设备上身用浅一点的颜色，下身要用浓重的颜色使它产生稳重的感觉；如果是需要谨慎操作的设备，最好用一道黄色一道黑色的间隔，以提高注意力。

355 车间设备布置原则

对于车间设备的布置，企业要遵循图14-2所示的五个原则。

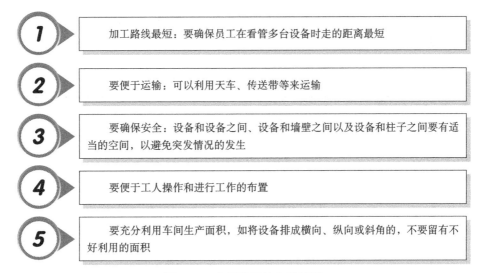

1 加工路线最短：要确保员工在看管多台设备时走的距离最短

2 要便于运输：可以利用天车、传送带等来运输

3 要确保安全：设备和设备之间、设备和墙壁之间以及设备和柱子之间要有适当的空间，以避免突发情况的发生

4 要便于工人操作和进行工作的布置

5 要充分利用车间生产面积，如将设备排成横向、纵向或斜角的，不要留有不好利用的面积

图14-2　车间设备的布置原则

除了设备布置，还要对全厂的厂房进行布置，这时要考虑风、水、电、"三废"处理、厂区绿化等。其中最重要的两点是，有些生产单位必须要排到一起，不能将它们分开；而有些单位是绝对不能放到一起的，比如噪声冲击力大的冲压车间和精密机床绝对不能放在一起；易燃易爆的物品和可燃的物质不能放在一起。

第二节　作业研究与改善

356　向改善工艺流程要效益

任何一项生产工艺都可以分为加工、搬运、停滞和检查四个过程，这四个过程可以用四个符号来表示，通过这四个符号可以组成一些工艺流程图和工艺路线图。改善生产程序时需要先明确以下几种情况。

1．分工。各个过程的程序、分类、名称、工人的分工范围。

2．准备。加工工序使用的机械、胎模具、工夹具、辅助材料、时间、地点、加工批量的大小。

271

3．搬运。经何处搬至何处、由谁搬运、用何方法、搬运距离、所需时间、搬运批量使用何工位器具。

4．停滞（储存）。经何处、储存多少、几何形状、停滞时间、管理人员是谁。

5．检查。谁检查、在何处检查、检查内容、使用量检具、所需时间。

下面通过表14-5，我们可对上述问题进行详细和具体的说明。

表14-5 工艺流程分析——措施图表

生产作业：锯齿检验和清理
工人：
材料：
过程开始：锯齿小组
过程结束：清理小组
制图
日期：

生产过程要素	原方案		新方案		差异	
	数量	时间	数量	时间	数量	时间
加工						
搬运						
检验						
停留						
总距离						

	原生产过程方案的要素	符号 ○⇨□▽	距离(米)	数量(件)	时间(分)	原因	对象	地点	时间	人员	方法	发现	取消	合并	顺序	地点	执行者	简化
1	将梳刀锯齿安放在一旁			100	24	●	●	●	●	●	●							
2	将梳刀装入大箱中			500	2	●	●	●	●	●	●							
3	将锯齿送往清理处		30				●	●	●	●	●							
4	等待清理				180		●	●	●	●	●							
5	清理工把梳刀安放在架子上			500	0.5		●	●	●	●	●							
6	鼓风清理锯屑			100	2	●	✓	●	●	●	✓	锯屑溅到检验员身上	✓					✓
7	清理工将梳刀放入箱中			500	0.5		●	●	●	●	●							
8	清理工运往检验站		2.4				●	●	✓	●	●	把检验员移到其他地方				✓		
9	等待检验				120	●	●	●	✓	●	●	阻塞通道		✓				

注：该表对生产主管来说是非常重要的。工艺流程图有多种分类，按照产品工艺设计的叫工序流程图；按照零部件工艺设计的叫工艺加工流程图；按照设备和平面设计的叫平面流程图；还有

流水线的流向图等。而表14-5则涉及所有方面。

在表14-5中，左边的九个动作是每道工序的名称，每道工序都用四种符号做了标示，统计好所需要的时间、移动的距离、批量大小。

接着采用六何分析法进行分析，可以明确某些流程是不是可以省略。

然后则利用简化、取消、合并和改变这四种技巧进行相应的改善。因为有四种符号，所以可以通过划线进行简单的分析。例如，第一道工序是加工，第二道是搬运，第三道是检验，第四道是停留，分别用线连上，以此类推就可以得出一个最简单的工艺图。

填完这个图就能发现，哪些工序可以取消，哪些工序可以合并，哪些工序可以换人员做；采用新的工序能够节省多少时间、减少多少距离都能够直观地表现出来。

357 向平面流程要效益

工厂可以通过平面布置图去摆放自己的设备。通过合理的平面布置，来减少不必要的资源浪费。

下面是一则缝纫机装配车间的平面布置案例，供读者参考。

【实用案例】

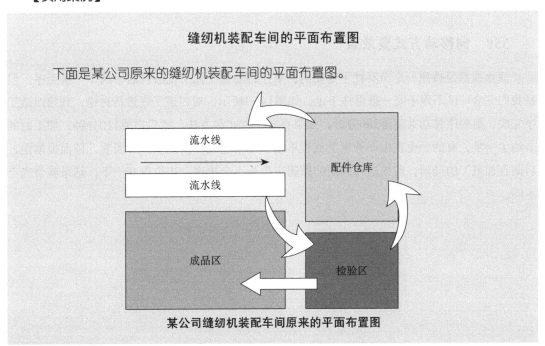

缝纫机装配车间的平面布置图

下面是某公司原来的缝纫机装配车间的平面布置图。

某公司缝纫机装配车间原来的平面布置图

经过分析发现，来回将产品送到检验区会影响效率，因此可以将检验区划分为两部分，如下图所示，即可以把配件库和成品库换一个位置，然后在成品库和配件仓库中都设置一个检验区。这样就省去了很多不必要的时间浪费。

某公司缝纫机装配车间改善后的平面布置图

358　向移动方式要效益

流水线都是按照一定节奏往下走动的。顺序移动是干完一批活以后移到下一道工序，但是我们完全可以不用干完一批再往下走。如图14-3所示，对四道工序进行讨论，到第四道工序完成，用顺序移动共需要200分钟，如果更改下方式和方法，则只需要110分钟，加工时间节约了一半。有的企业在生产管理上流程不畅，常常造成"前面干，后面看，前面提前走，后面在加班"的局面。造成这种局面的原因主要是不会排序，如果改变一下，结果就会完全不同。

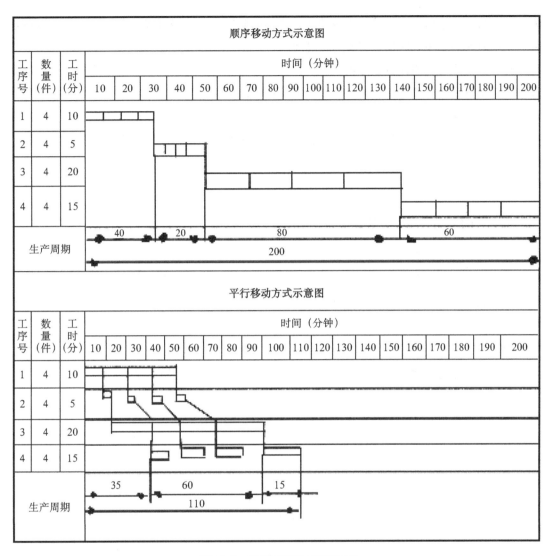

图14-3　两种移动方式对比图

所以说，移动方式就是效益，改变一下移动方式，效益就会提升。

359　向流水线要效益

在流水线上，通常是按一定的节拍往下开展工作的。按照木桶原理，最短的那块木板决定木桶盛水的容量。同样，在流水线上也是如此，干得最慢的人就是决定流水线最终效率的人。如何解决这个问题呢？这就涉及流水线平衡的问题，以干得最慢的人为标准，比如30分钟，乘以所有的工序，这就是需要的总时间。

可是实际上并没有用这么多时间，有的人干了10分钟，有的人干了15分钟，这些时间加起来就是实际所需要的时间。用实际需要的时间，除以总时间就是平衡率。常常有很多生产流水线的平衡率还不到50%，如果把干得最慢的人的速度提高，或者把他的工作分一部分给别人干，使每一个人的节拍尽量一致，这样平衡率就会大大提高，整个生产线的生产效率也就会大大提高。

360 向动作分析要效益

任何操作都是以人工的动作为基本单元，特别是劳动密集型企业，组装工序、加工工序等这些以手工劳动为主体的工序，动作是产生效益的一个非常重要的因素。

进行动作分析最主要的目的就是消除无效的动作，以最省力的方法实现最大化的效益。

1．合理配置和摆放材料

材料和工具要尽量放在伸手就能拿到的地方，并按照基本作业要素的顺序确定适当的位置。以人体中心线为轴，手的臂长为半径，在这个范围内，就是伸手能拿到的地方。

2．基本作业要素的数目愈少愈好

排除不必要的动作，动作距离要最短。这个原则的出发点在于减少一切不必要的动作，尽量提高效率。

3．减少工人基础工作量

把两个以上的工具结合为一个，或者利用便于取材料和零件的容器来减少工作量。通过以上方式，能够尽可能地利用工具来减少人的工作量。

4．必须利用保持器具

要想长时间地让物与人保持良好的结合状态，就必须利用保持器具。因为人体的耐久力是有限的，所以要想保持一定的工作状态，就需要一定的工具加以支持。保持器具就是人在特殊工作情况下可以利用的工具。

5．确定动作顺序

把动作顺序确定下来，才能保证动作有节奏地、自动地进行。有节奏、自动地进行某种动作，有助于提高工作的效率。

6．对称动作

研究表明，进行对称的运动，不容易疲惫，所以尽量进行对称的动作，以提高工作效率。

7．尽量利用动力装置

要利用惯性、重力、自然力等，还要尽可能地利用动力装置。尽量利用惯性、重力、自然力和动力装置，而不是依靠人力，这样可以减少人的疲惫，从而有助于工作效率的提高。

8．为了减轻疲劳，作业点要保持适当的高度

为了减轻作业人员的疲劳度，作业点要保持适当的高度，而这个高度是可以测出来的。通过测量和精心计算，就能够减轻作业人员工作的疲劳度。

根据以上八点内容来全面地改良自己的动作，在一些以手工劳动为主体的工作中就会取得明显的成效。

361 改善搬运的必要性和原则、方法

据统计，加工费的25%～40%是搬运费；工序的时间，有70%～80%是搬运和停顿的时间；工厂的灾害，又有85%是在搬运过程中发生的。可见对搬运进行压缩是非常重要的。改善搬运要从物料、搬运空间、搬运时间和搬运方法上着手，具体如表14-6所示。

表14-6 搬运优化的原则和方法

序号	优化的内容	优化途径	优化原则	优化方法
1	物料	减少数量	排除搬运	排除中间搬运量
			减少搬运	减少容器或不用容器
		减少次数	单元装载	撬板化
			大量化	采用拖车
				选用大型设备
2	搬运空间	缩短距离	直线化	改善平面布置
			平线化	
		减少路线	排除搬运	改善工厂布置
			合并搬运	应用中间搬运
		减少次数	强力化	利用大型搬运设备
			大量化	采用工业拖车

(续表)

序号	优化的内容	优化途径	优化原则	优化方法
3	搬运时间	缩短时间	高速化	利用高速搬运设备
			同期化	采用均衡搬运设备
		减少时间	增加搬运量	采用工业拖车
				利用大型搬运设备
4	搬运方法	管理协调	高速化	利用高速搬运设备
			连续化	采用输送机
			同期化	应用均衡、循环、往复搬运设备
		非动力搬运	重力化	输送机、传递带

　　如表14-6所示，要对搬运进行优化，在物料上要减少搬运的数量和搬运的次数；在搬运空间上要尽可能缩短搬运距离、优化路线和减少搬运的次数；在搬运时间上要缩短时间、减少搬运次数；在方法上要注意管理协调，尽量采用非动力搬运。

第三节　实施标准化管理

362　明确生产标准化的目标

　　有许多员工在作业中会掺杂一些不正确的习惯动作，这会导致不良品的产生或作业速度的减慢，因此生产管理人员有必要及时对其进行纠正，使其作业标准化。

　　标准化是指企业内部以管理材料、零件、制品及采购、生产、检验等为目的，从而制定标准且加以灵活运用的组织行为。那些认为编制或改定了标准就已完成标准化的观点是错误的，编制或改定标准只是标准化工作的起点和基础，只有经过指导、培训，使标准成为员工自觉遵守的行为习惯，才能算是实施了标准化。

　　标准化管理的目标如表14-7所示。

表14-7　标准化管理的目标

序号	目标	具体内容
1	信息的传递	按照企业标准，将企业的方针、计划等传递给客户或企业内部员工，并贯彻执行
2	技术的积累，技能的提升	借助企业标准，使个人或企业的技术得以累积，技能得以提升
3	管理基准的明确化	企业内标准是品质管理、工程管理、成本管理等各项管理的基准
4	统计方法的灵活运用	就所收集的各项记录，运用统计方法加以解析，以便提供管理改善的依据
5	互换性的确保	企业标准化中，物（材料、零件、制品、生产设备、工具、试验仪器等）的标准化可提高零件及制品的互换性
6	品质稳定，标准化偏差的减少	企业标准化可带来品质的稳定及标准偏差的减少
7	成本降低	企业标准化的第一效果主要体现在经济上，即对降低成本的贡献
8	业务效率的提高	企业标准化可提高有关企业活动的业务效率
9	安全、健康及生命的保护	确立设备、机器、装置等操作标准，有助于作业人员的人身安全和生命健康
10	为消费者及社会做出贡献	为消费者及社会提供安全性、信赖性强的产品及良好的环境

　　企业中，凡是多次重复出现和使用的现象、已经和正在制定标准的具体产品，以及各种定额、规划、要求、方法、概念等都是标准化的对象。例如，采购的程序、合同；对原材料的要求；员工的绩效考核；生产中的每项操作；工件的流转、摆放；搬运的工具和方式；成品入库；成本核算；文件档案管理；设计文件管理以及新产品开发等都必须实施标准化。

363　明确良好标准的制定要求

　　许多企业都有这样或那样的标准，但仔细分析会发现许多标准存在操作性差、不明确等问题。制定一个好的标准是有一定要求的，具体应满足表14-8所示的四点要求。

表14-8 良好标准的制定要求

序号	要求	具体说明
1	目标指向明确	标准必须是针对目标的，即遵循标准便能够保证生产出相同品质的产品。因此，与目标无关的词语、内容不应出现
2	显示原因和结果	例如，"安全地上紧螺丝"，这是一个结果，应该描述如何上紧螺丝
3	准确、不抽象	例如，"上紧螺丝时要小心"，什么是"要小心"？这样模糊的词语是不应出现的
4	数量化要具体	每个阅读标准的人都必须以相同的方式加以解释。为了达到这一点，标准中应该多使用图和数字。例如，使用一个更量化的表达方式"使用离心机A以100+/（-）50rpm转动5～6分钟的脱水材料"来代替"脱水材料"这样的表达

364 严格执行标准

严格执行标准的要求如下。

1. 正确、切实地执行标准

生产经理以及生产现场的其他管理人员要切实地贯彻标准，因为这样的表率作用能够带动员工积极执行。

2. 抱着发现问题的心态执行标准

除了要正确、切实地贯彻标准，抱着发现问题的心态去执行标准（在标准化的推进中）也是至关重要的。标准是根据实际的作业条件及当时的技术水平制定出来的，代表了当时最好、最容易、最安全的作业方法。随着实际作业条件的改变和技术水平的不断提高，标准中规定的作业方法可能会变得与实际不相符。此时，标准不但不会对生产工作有所帮助，甚至还可能会造成妨碍，因此生产经理必须及时对标准进行修订。为此，生产管理人员必须要求作业人员抱着发现问题的心态去执行标准，在不断的"发现问题→修订标准"的过程中去完善标准。

3. 发现标准有问题时的做法

如果你发现标准存在问题或者找到了更好的操作方法，不要自作主张地改变现有的做法（因为你所认为的好方法有可能是在漏考虑了某种因素的情况下得出的），而应当按下面的步骤去做。

（1）将你的想法立即报告给上司。

（2）确定你的提议的确是一个好方法后再修订标准。

（3）根据修订后的标准改变你的操作方法。

365　做好标准修订工作

一旦出现下列情况，生产经理就应考虑修订相关标准。

1．操作困难或难以执行定义的任务时。

2．产品的质量水平发生改变时。

3．发现问题并改变步骤时。

4．部件或材料发生改变时。

5．机器工具或仪器发生改变时。

6．工作程序发生改变时。

7．方法、工具或机器发生改变时。

8．外部因素发生改变（如环境的问题）时。

9．法律和规章（产品赔偿责任）发生改变时。

10．标准（ISO 9000 等）发生改变时。